Jennifer Eivaz

Handbuch für innere Heilung und Befreiung

Jennifer Eivaz

Handbuch für innere Heilung und Befreiung

Wie dein Herz wieder lebendig wird

GloryWorld-Medien

2. Auflage 2024

Bibelzitate sind, falls nicht anders gekennzeichnet, der Elberfelder Bibel, Revidierte Fassung von 2006 entnommen. Weitere Bibelübersetzungen:

GNB: Gute Nachricht Bibel, 2002
HFA: Hoffnung für alle, Basel und Gießen, 1983
LUT: Lutherbibel, Revidierte Fassung von 2017
NeÜ: Neue evangelistische Übersetzung © 2013 Karl-Heinz Vanheiden
NLB: „Neues Leben. Die Bibelübersetzung", Holzgerlingen, 2017
SLT: Schlachter 2000

Das Buch folgt den Regeln der Deutschen Rechtschreibreform. Die Bibelzitate wurden diesen Rechtschreibregeln angepasst.

Übersetzung/Satz: Manfred Mayer
Umschlaggestaltung: Jens Neuhaus, www.7dinge.de
Fotos: pixabay
Druck: arkadruk.pl

Printed in the EU

ISBN: 978-3-95578-618-2
Bestellnummer: 356618

Erhältlich beim Verlag:

GloryWorld-Medien
Beit-Sahour-Str. 4
D-46509 Xanten
Tel.: 02801-9854003
Fax: 02801-9854004
info@gloryworld.de
www.gloryworld.de

oder in jeder Buchhandlung

Stimmen zum Buch

Immer wenn wir Zeugnis darüber ablegen, was Jesus für uns getan hat, wird prophetisch Glaube freigesetzt, dass Gott die gleichen Wunder für andere tun wird (vgl. Offb 19,10). In großer Transparenz und mit Hilfe tiefer Erkenntnisse aus der Heiligen Schrift offenbart Jennifer Eivaz, wie Gott in ihrem eigenen Leben und im Leben vieler anderer Menschen die schwersten Wunden geheilt hat, die man sich vorstellen kann. Es sind Geschichten von echter, dauerhafter Heilung und Befreiung – und eine Einladung an jeden Leser, die übernatürliche Freiheit zu erleben, die in Jesus Christus zu finden ist.

Dr. Ché Ahn, Präsident von *Harvest International Ministry*
Hauptpastor der *Harvest Rock Church,* Pasadena, Kalifornien

Viele Menschen brauchen nicht nur körperliche Heilung, sondern auch emotionale Heilung der Seele. Dieses Buch legt den Schwerpunkt auf den verborgenen Teil des Menschen, der Wiederherstellung braucht. Es schenkt dir Einblicke und Erkenntnisse, wie du dem inneren Menschen dienen kannst. Jennifer Eivaz hat in diesem Bereich viele Jahre lang Wunder erlebt und eine phänomenale Arbeit geleistet, indem sie eine ganze Armee von Gläubigen aufgebaut hat, die den Notleidenden hilft.

John Eckhardt, Apostel, Crusaders Church;
Autor von *Prayers That Rout Demons*

Jennifer Eivaz ist es meisterhaft gelungen, auf viele der tiefen Wunden und Traumata einzugehen, die uns widerfahren können. In diesem Buch findest du Hoffnung, Heilung und Befreiung, um ein Leben voller Sinn und nach Gottes Plan zu leben. Lies dieses Buch und entdecke Gottes erlösende Kraft für dich!

Sarah Bowling, Gründerin von *Saving Moses*
und Autorin von *Hey God, Can We Talk?*

Dies ist eines der hilfreichsten, praktischsten, ausgewogensten und gesündesten Bücher, die wir zum Thema innere Heilung und Befreiung kennen. Es ist voller praxiserprobter Weisheiten und Wahrheiten und sehr packend geschrieben. Unsere Freundin Jennifer Eivaz erzählt mit großer Verletzlichkeit von ihrem eigenen spannenden Weg zu Heilung und Befreiung und wie die Lösungen und Wahrheiten, die sie dabei erkannt hat, sie in die Lage versetzt haben, sehr viele andere Menschen auf der ganzen Welt erfolgreich in ihre eigene Heilung, Befreiung und Freiheit zu führen. Diese tiefere Weisheit brauchen wir alle in dieser Zeit, in der eine große Menschenernte ansteht und damit auch ein dringendes Bedürfnis nach Freiheit. Es ist uns wirklich eine große Ehre, dieses Handbuch zu empfehlen.

Ben und Jodie Hughes, *Pour It Out Ministries*
Autoren von *When God Breaks In* und *The King's Decree*

Dies ist ein wunderbares Buch! Jennifer Eivaz hat uns einen Leitfaden gegeben, mit dem wir die Reise zur Heilung und Ganzheit in unserem Leben beginnen können. Sie ist ein unglaubliches Beispiel dafür, wie der Herr Menschen von dämonischer Bedrückung befreien und von tiefer Gebrochenheit heilen kann. Es hat schon immer eine Spannung gegeben zwischen denen, die glauben, dass innere Heilung die Antwort ist, und denen, die glauben, dass Befreiung die Antwort ist. Dieses Buch legt auf meisterhafte Weise dar, dass beides für unsere Heilung und Freiheit als Glaubende notwendig ist. Diese Generation wird von dämonischen Mächten, Schmerz, Angst und Traumata überrollt.

Der Herr hat Jennifer Eivaz als Botschafterin und Stimme der prophetischen Freiheit erweckt. Ihr Leben ist ein Beweis für das, was Gott tun kann! Dieses Buch zeigt den Weg auf, wie Gott die gleiche Heilung und Freiheit, die Jennifer hat, auch in dein Leben bringen kann. Es ist so wichtig, dass jeder Gläubige ausgerüstet ist, um einer zerbrochenen, gebundenen und traumatisierten Generation von verletzten Menschen zu dienen. Mit diesem Buch bekommst du die Schlüssel in die Hand, um Menschen aus ihrem Gefängnis zu befreien.

Dr. Michael Maiden, Hauptpastor, *Church for the Nations*

Inhalt

Widmung

Ich widme dieses Buch meinem König und besten Freund,
Jesus Christus, der den höchsten Preis für meine Freiheit bezahlt hat.

Er war das höchste Blutopfer und eines,
das meine Welt auf den Kopf stellte und alle Ketten zerbrach.

Ich widme dieses Buch auch meinem wunderbaren Ehemann Ron.
Er ist ein sehr hingegebener Ehemann und Vater
und ein treuer, beständiger Fels in meinem Leben.
Seine bedingungslose Liebe, Unterstützung und Ermutigung
sind eine ständige und starke Kraftquelle für mich.

Schließlich widme ich dieses Buch Enrique,
meinem Freund aus Kindertagen,
der schon lange tot, aber nicht vergessen ist.

Sein Leben und Sterben
(worauf ich am Ende des Buches genauer eingehe)
haben mich dazu bewogen,
ein Buch zu schreiben, von dem ich nie gedacht hätte,
dass ich den Mut dazu haben würde.

Vorwort

Als ehemalige Kriminelle und Strafgefangene, die ein extrem gewalttätiges Leben geführt hat, weiß ich um die absolute Notwendigkeit von innerer Heilung und Befreiung. Auch wenn jemand nicht wie ich auf der Straße gelebt oder im Gefängnis gesessen hat, brauchen wir alle innere Heilung. Diese Welt ist unfreundlich und brutal zu allen Menschen, egal welcher Hautfarbe, welchen Geschlechts oder welcher Stellung im Leben. Jeder geistliche Dienst, der sich nicht mit innerer Heilung und Befreiung auskennt, wird seine ihm anvertrauten Menschen unzufrieden, mutlos und gebrochen zurücklassen. Mein Dienst ist dafür bekannt, aktuelle biblische Offenbarungen zu den Themen innere Heilung und Wunderheilung zu vermitteln. Viele haben mich sogar den „Apostel der Seelenheilung" genannt. Obwohl ich diesen Titel *nie* für mich beanspruchen würde, weiß ich, dass die Heilung der verwundeten Seele eine der wichtigsten Offenbarungen ist, die der Leib Christi braucht.

Dadurch, dass ich so tief in die Seelenheilung eingetaucht bin, habe ich nicht nur erlebt, dass Hunderttausende Menschen befreit wurden, sondern auch die Fähigkeit erlangt, zu erkennen, wenn jemand anderes mächtig in innerer Heilung und Befreiung wirkt. Jennifer Eivaz ist einer dieser seltenen Menschen. Ich glaube, es gibt nichts Destruktiveres, als wenn jemand, der sich traut, ein Buch zu schreiben, noch nicht jede Zeile ausgelebt hat.

Das ist bei Jennifer definitiv nicht der Fall. Wenn du über genügend Urteilsvermögen verfügst, wirst du sehen, dass jeder Federstrich, den sie hier schreibt, eine direkte Folge der Narben auf ihrer Seele und ihrem Körper ist. Das sind ihre „Abzeichen", die beweisen, dass sie das Recht und die Autorität hat, ein Handbuch über Befreiung und Heilung zu schreiben. Wenn du Jennifer mit natürlichen Augen ansiehst, würdest du nie vermuten, dass sie Kämpfe auf so hohem Niveau durchgestanden hat. Das beweist umso mehr, dass die außergewöhnlichen Offenbarungen in diesem Handbuch wirklich funktionieren! Jennifer weiß, wie man die Narben und ihre Nebenwirkungen auslöscht und die dämonischen „Landebahnen" entfernt, die sie geschaffen haben.

Das *Handbuch für innere Heilung und Befreiung* führt dich Schritt für Schritt durch biblische Prinzipien, die dir die wesentlichsten Probleme in deiner Seele und deinem Körper offenbaren, welche die Ursache für die Kämpfe sind, die du bisher noch nicht überwinden konntest. Auf jeder Seite gibt sie dir Lösungen an die Hand, die wirklich funktionieren. Wenn du es durchgearbeitet hast, wirst du in jedem Bereich deines Lebens eine übernatürliche Veränderung erleben. Aber auch danach wird es nicht in deinem Regal verstauben. Als mächtiges Handbuch wird es dir in jeder Notlage und Krise ein Wegweiser sein.

Du darfst aufatmen. Deine Freiheit ist da!

Sei umarmt!

Katie Souza
Gründerin von *Katie Souza Ministries* und *Expected End Ministries;*
Autorin von *Healing the Wounded Soul* und *Soul Decrees*

Danksagungen

Ich bin begeistert und fühle mich geehrt, dass ich mein Leben und meinen Dienst mit den folgenden wunderbaren Menschen teilen darf, die ich Freunde nenne. Der Gedanke, mit ihnen noch weitere Jahrzehnte verbunden zu sein, ist sehr tröstlich. Es war schwer, dieses Buch zu schreiben, sehr schwer. Ihre Freundschaft und Unterstützung haben mich darin bestärkt, es zu vollenden.

- Nathan und Elaina: Ihr seid immer beständig, verfügbar, geistlich und treu. Ich trage euch beide in meinem Herzen. Ich bin so stolz auf euch.
- Joel und Mary: Ich weiß, wenn Menschen in jeder Situation hinter mir stehen. Joel, du lässt dich immer vom Geist leiten und bist immer standhaft. Mary, du bist extrem gütig, aber auch extrem kämpferisch, je nach Bedarf. Ich danke euch. Ich schätze euch beide sehr.
- Catherine: Du bist so witzig und hast ein Herz, das die Menschen nie aufgibt. Ich bewundere deine Hartnäckigkeit, wenn es darum geht, verletzte Menschen zu heilen und zu befreien, egal wie lange das dauert. Viele Menschen sehen dich als eine Schlüsselperson, die Gott benutzt hat, um sie zu echter innerer Heilung und Befreiung zu führen. Durch dich sind wir alle viel freier geworden.
- Brad und Lisa: Ich glaube wirklich, dass dieses Buch zu einem großen Teil in eurer Gemeinde seinen Anfang genommen hat, und dafür bin ich sehr dankbar. Ich danke euch beiden für die vielen Stunden des Austauschs. Ich freue mich auf viele weitere Zoom-Zeiten und persönliche Gespräche. Ich liebe euch beide sehr.
- Leitungsteam der *Harvest Church:* Ich habe so viel Respekt und Liebe für euch alle. Ihr seid stark, weise, sensibel, prophetisch,

gesalbt, lustig, sehr kreativ und noch viel mehr. Ihr seid das beste Team aller Zeiten.

- Ältestenschaft der *Harvest Church:* Ich danke euch so sehr. Eure Unterstützung und euer Rat haben mir geholfen, in meiner bisher schwierigsten Zeit den Glauben und das Vertrauen zu wahren. Ihr sorgt außerdem dafür, dass es Spaß macht, eine Gemeinde zu leiten. Lasst uns weiter gemeinsam Geschichte schreiben.

Bevor du dieses Buch liest

Einige Kapitel und Abschnitte enthalten sehr sensible Inhalte, die beim Leser traumatische Erinnerungen, PTBS[1] oder Dissoziation auslösen könnten. Diese Abschnitte habe ich markiert – für den Fall, dass du den Inhalt überspringen oder lieber zu einem späteren Zeitpunkt lesen möchtest.

Um zu verstehen, welches die wichtigsten Punkte dieser Abschnitte sind, lies zuerst das Gebet, die „Reich-Gottes-Gedanken" und die „Reich-Gottes-Fragen" am Ende des Kapitels. Wenn du den Eindruck hast, dass ein solcher Abschnitt etwas Negatives bei dir auslösen könnte, aber trotzdem an den Inhalten interessiert bist, solltest du ihn mit deinem Seelsorger, deiner Kleingruppe oder einem ausgebildeten christlichen Therapeuten lesen.

Außerdem ist jede Geschichte in diesem Buch wahr. Die Namen und identifizierbaren Details der Geschichten wurden geändert, um die Privatsphäre derjenigen zu schützen, die mir die intimsten und schwierigsten Details aus ihrem Leben mitgeteilt haben.

[1] Posttraumatische Belastungsstörung.

Einführung

Vor einigen Jahren sah ich mir den fesselnden Spionagethriller *The Long Kiss Goodnight*[1] mit Geena Davis in der Hauptrolle an. Die Handlung dreht sich um eine freche und beliebte Grundschullehrerin in einer Kleinstadt, ihre achtjährige Tochter und ihren Freund. Sie war acht Jahre zuvor in New Jersey an den Strand gespült worden, als sie im zweiten Monat schwanger war, und litt nun unter retrograder Amnesie[2]. Da sie sich nicht mehr an ihren richtigen Namen erinnern konnte, hatte „Samantha" in diesen acht Jahren eine Reihe erfolgloser Privatdetektive engagiert, um ihre Vergangenheit zu erforschen. Während der Weihnachtsferien wird sie in einen tragischen Autounfall verwickelt und mit einer Gehirnerschütterung ins Krankenhaus eingeliefert. Dann beginnt sie, sich wieder mit ihrem wahren Ich zu verbinden, einer viel gefährlicheren Frau namens Charly, die ihr in einem Traum mitteilt, dass sie zurückkommen wird. Zurückzukommen bedeutet, dass Charly wieder ihre Persönlichkeit übernehmen wird. Im Laufe des Films stellt sich heraus, dass Charly eine Top-Attentäterin für die CIA ist, etwas ganz anderes als ihre zuvor angenommene Kleinstadt-Persönlichkeit. Der Film zeigt, wie sie aus ihrer Amnesie ausbricht und zu ihrem wahren Ich zurückkehrt. Wie nicht anders zu erwarten, jagt sie nun wieder den Bösewichten hinterher. Dabei gibt es mehrere gewalttätige und blutige Kampfszenen und jede Menge Sprengstoff.

Ich habe diesen Film nur ein einziges Mal gesehen und fühlte mich seltsam davon verfolgt, ohne zu wissen, warum. Ich wollte ihn eigentlich mehrere Jahre lang noch einmal anzuschauen, tat es aber nie. Vor

[1] Dt. Titel: „Tödliche Weihnachten".

[2] Eine retrograde Amnesie … ist eine spezielle Form der Amnesie, bei der Personen nicht mehr in der Lage sind, sich an Geschehnisse vor einem bestimmten, meist traumatischen Ereignis zu erinnern (Wikipedia, 20.02.2023).

diesem Hintergrund beschreibe ich das, was schließlich in meinem Leben aufgedeckt wurde, als ein Gefühl, in einer Art Film zu sein. Es war alles so unwirklich, und doch passierte es mir wirklich. Durch eine Reihe von Ereignissen wurde ich schließlich mit meiner eigenen schweren Amnesie konfrontiert. Es war nicht ganz so wie in diesem Film, und, allen Ernstes, ich bin auch kein CIA-Attentäter. Ich weiß meinen Namen, ich weiß, wo ich aufgewachsen bin, und ich kann mich an genügend Fakten aus meinen ersten Jahren erinnern, um eine Geschichte darüber zusammenzustellen, wer ich dachte, dass ich wirklich war. Dennoch gab es große Lücken in meiner Jugendzeit. Ich konnte mich nicht erinnern, was passiert war, egal wie sehr ich mich bemühte. Ich hielt das für normal und fragte mich nie, warum ich mich an bestimmte Jahre meines Lebens nicht erinnern konnte.

Genau wie bei „Samantha" im Film tauchte auch bei mir im Alter von 47 Jahren plötzlich ein fehlendes (Puzzle-)Stück von mir selbst wieder auf und hatte eine unglaubliche Geschichte zu erzählen. Meine traumatische Amnesie war endlich aufgebrochen und hatte ihren verborgenen Inhalt preisgegeben. Es war eine schreckliche Geschichte, die meine Identität so sehr erschütterte, dass ich am liebsten ganz aus dem Leben geschieden wäre. Ich hatte in aller Verzweiflung gehofft, es würde sich um eine Art Nervenzusammenbruch mit psychotischen Wahnvorstellungen handeln. Das wäre viel leichter zu akzeptieren gewesen. Dieser fehlende Teil von mir, genau wie Charly in dem Film, kam aus den Tiefen meines Unterbewusstseins und gab dem, was in diesen fehlenden Jahren passiert war, eine Stimme. Endlich sah ich mich den höllischen Erinnerungen gegenüber, die ich mich selbst hatte vergessen lassen, um das Absurde zu überleben.

Innere Heilung und Befreiung haben sowohl für mein persönliches Wachstum als auch in meinem geistlichen Dienst schon immer eine große Rolle gespielt. Tatsächlich gab es nie eine Zeit, in der ich nicht aus den unterschiedlichsten Gründen geistliche und emotionale Herausforderungen erlebt habe. Jedes Mal, wenn in meinem Leben etwas auftauchte, das offensichtlich innerer Heilung oder Befreiung bedurfte, habe ich mich um Heilung bemüht und meine Probleme so gut es ging aufgearbeitet. Das Problem ist, dass, wenn es in deinem Leben immer wieder negative Zyklen und Muster gibt (wie z. B. chronische

Krankheiten, psychische Zusammenbrüche, häufige Angst und Nervosität, Albträume und nächtliche Angstzustände, seltsame geistliche Phänomene usw.), es etwas in dir gibt, das zu diesen Zyklen beiträgt – eine Art verborgenes emotionales und geistliches Wurzelsystem, das so lange Früchte trägt, bis es durch die Wahrheit von Gottes Wort und durch die Kraft des Heiligen Geistes ausgegraben und entwurzelt wird.

Manche weigern sich zu glauben, dass Christen jemals innere Heilung oder Befreiungsdienst brauchen, weil das alles durch das vollendete Werk Jesu erledigt sei. Sie vertreten eine Philosophie wie diese: *Wir müssen uns nicht ständig mit unserer Vergangenheit oder mit dem, was mit uns los ist, auseinandersetzen. Wir brauchen keine Seelsorger oder Beratung. Wir müssen nur auf das Kreuz schauen.* Der Schritt in die persönliche Freiheit ist für die meisten Christen jedoch nicht so einfach. Wenn du deine Probleme leugnest, wirst du nicht geheilt, und was du nicht anpackst, wird irgendwann dich anpacken. Echte Freiheit in Christus beinhaltet den Prozess, sich der Realität zu stellen und sie mit der Wahrheit von Gottes Wort zu überwinden. Ich stimme zu, dass es in den Reihen derer, die innere Heilung und Befreiung praktizieren, Auswüchse gibt, die angesprochen und vermieden werden müssen. Zum Beispiel steckt nicht hinter jedem Problem ein Dämon, der ausgetrieben werden muss. Auch ich glaube, dass es das vollendete Werk des Kreuzes ist, das dafür sorgt, dass der Prozess und der Weg der inneren Heilung und der Befreiung erfolgreich ist.

Jesus sagte: *„... ihr werdet die Wahrheit erkennen, und die Wahrheit wird euch frei machen“* (Joh 8,32). Wann immer wir eine Lüge glauben, haben wir diesen Teil unseres Lebens mit Satan, dem Vater der Lüge, in Einklang gebracht. Dieser Teil unseres Lebens kann den Segen Gottes erst dann widerspiegeln, wenn wir ihn gegen Gottes Wahrheit eintauschen – ein Tausch, der immer Freiheit bringt. Zu oft kennen wir die Lügen nicht, die wir glauben. Vielleicht erinnern wir uns nicht einmal an die Umstände, die diese Lügen überhaupt erst hervorgebracht haben – bis der Heilige Geist sie aufdeckt.

Meine fehlende Vergangenheit begann sich wie ein wütender Strom aufeinanderfolgender Erinnerungen zu entfalten. Ich war daraufhin so verwirrt, dass ich Hilfe brauchte. Das war etwas, das ich nicht ohne die Führung und Verantwortung erfahrener Seelsorger und professioneller Berater durchstehen konnte. Die emotionalen und geistlichen Nachwirkungen ließen mich mit der Frage ringen: Kann jemand wie ich geheilt werden? Genau wie der Prophet Elia fühlte ich mich in meinem Kampf völlig allein. Ich kannte einfach niemanden, der es so weit geschafft hatte, und ich kenne immer noch keinen. Über das, was mir passiert ist, möchte man nicht sprechen.

Nie.

Und doch fühle ich mich gedrängt, dir meine Geschichte zu erzählen und dir so viele praxiserprobte Hilfen und Wahrheiten wie möglich an die Hand zu geben, um dir bei deiner Heilung zu helfen, ganz gleich, was du gerade durchmachst. Dieses Buch, das du gerade liest, ist weniger eine Methode, um heil zu werden, als vielmehr eine Reise mit Jesus, dem Heiler. Auf diese Weise findest du einen Weg aus Zerbrochenheit – auf dieser, aber auch auf jeder anderen Ebene – heraus und wirst geheilt. Du musst dich mit seiner Wahrheit ausrüsten und dich dann vom Heiligen Geist zum Sieg führen lassen. Bete dieses Gebet mit mir:

Heiliger Geist, ich gebe dir mein Ja. Ich will heil werden, aber ich habe Angst und fühle mich schwach. Hilf mir, über meine Probleme hinaus- und auf die vielen Belohnungen zu schauen, die vor mir liegen. Gib mir starke Gründe, meine Heilungsreise bis zum Ende zu gehen und niemals aufzugeben. Übernimm du die Führung, Heiliger Geist, und salbe mich für innere Heilung und Befreiung. Schenke, dass jedes Joch zerbricht, und befähige mich, auch anderen zu helfen, Joche zu zerbrechen. Amen.

Kapitel 1

Willst du heil werden?

Während meines ersten Jahres am Modesto Junior College in Modesto, Kalifornien, arbeitete ich Teilzeit in einem kleinen, aber gut geführten Pflege- und Rehabilitationsheim. Es war eine Stelle in der Verwaltung, bei der ich für einen Mindestlohn nur wenige Stunden arbeitete und keine große Verantwortung trug. Mit anderen Worten: Es war ein herrlich stressfreier Job, der sich perfekt für das College-Leben eignete. Meine einzigen Aufgaben bestanden darin, ans Telefon zu gehen und die Dinge im Auge zu behalten, und das auch nur an manchen Wochenenden. Trotzdem hatte ich die Möglichkeit, mit einigen der Patienten in Kontakt zu kommen und wurde vom Heiligen Geist dazu aufgefordert, eine ältere Frau anzusprechen. Ich hatte den Eindruck, ich solle sie einladen, eine Beziehung zu Jesus in Betracht zu ziehen.

Ich war erst seit Kurzem Christ, konnte aber die Stimme Gottes, die zu meinem Herzen und meinem Verstand sprach, ziemlich oft erkennen. Seine liebevolle Stimme kam in Bezug auf diese Frau als klarer, aber dringender Impuls in meinem Herzen an. Sofort begann ich in meiner Gebetssprache zu beten und fuhr dann die kurzen fünfzehn Minuten von zu Hause zu der Einrichtung. Ich fand sie leicht, denn sie saß normalerweise in ihrem Rollstuhl mit dem Gesicht zum Fenster, immer nach vorne gebeugt und nie ganz in der Lage, sich aufzurichten. Ich sprach sie so höflich an, wie ich konnte, und erzählte ihr von der Liebe Jesu und der Kraft seiner Vergebung. Dabei ging ich fälschlicherweise davon aus, sie sei bereit, meine Worte anzunehmen, und ahnte nicht, was als Nächstes geschah. Anstatt empfänglich zu sein, sprudelte fast augenblicklich ein hässlicher Strom von Lästereien und Flüchen aus ihrem Mund. Sie fuhr fort, abscheuliche und unflätige Aussagen über Jesus zu machen, bis ich aufgab und geschockt und beschämt aus dem Gebäude ging.

Was war hier los? Diese normalerweise ruhige ältere Frau war nicht verrückt, wie wir Menschen, die sich so verhalten, gerne bezeichnen. Sie war dämonisiert, das heißt, sie stand unter der Kontrolle und dem Einfluss eines dämonischen Geistes. In der Bibel wird dieses Phänomen häufig beschrieben. Am heftigsten ist der Bericht über den Mann aus Gerasa, der von einer ganzen „Legion" Dämonen besessen war, d. h. von Tausenden von Geistern, die Jesus alle erfolgreich austrieb (vgl. Mk 5,1-20). In weiten Teilen der amerikanischen Kultur, die auch einen Großteil der christlichen Kultur des Westens widerspiegelt, stellen wir oft Fehldiagnosen oder entschuldigen uns für das abscheulich schlechte Verhalten von Menschen. Wir sagen Dinge wie: „Sie muss verrückt sein" oder: „Er wird senil", ohne das eigentliche Problem zu erkennen. Diese alte Frau hatte einen Dämon, und dieser Dämon hasste Jesus abgrundtief.

Wenn ich es besser gewusst hätte, hätte ich versucht, den Dämon aus ihr auszutreiben, wie Jesus es selbst gesagt hat: *„Diese Zeichen aber werden denen folgen, die glauben: In meinem Namen werden sie Dämonen austreiben ... "* (Mk 16,17). Dämonen sind gefallene Engel, die nicht Gott, sondern Satan dienen und versuchen, die Menschheit auf jede erdenkliche Weise zu quälen. Dazu gehört auch die Dämonisierung.[1] Weil ich nicht verstand, was mir begegnet war, versäumte ich es, eine echte Abhilfe zu schaffen. Ich musste auch noch in Erfahrung bringen, wozu Jesus gesalbt worden war und warum der Heilige Geist überhaupt auf uns Gläubige herabkommt. Es war sicherlich eine lehrreiche Erfahrung, die ich nie vergessen werde.

---

[1] *Dann brach ein Krieg im Himmel aus: Der Engelfürst Michael kämpfte mit seinen Engeln gegen den Drachen. Der Drache und seine Engel wehrten sich, aber sie konnten nicht standhalten. Von da an war für ihn und seine Engel kein Platz mehr im Himmel. Der große Drache, die uralte Schlange, die auch Teufel oder Satan genannt wird und die ganze Menschheit verführt hatte, wurde mit all seinen Engeln auf die Erde hinabgestürzt* (Offb 12,7-9 NeÜ).

Jesus ist unser Vorbild

In Apostelgeschichte 10,38 (NeÜ) finden wir eine schöne Beschreibung des Dienstes Jesu hier auf der Erde: *„Gott hatte Jesus von Nazaret mit dem Heiligen Geist gesalbt und mit Kraft erfüllt. Gott war mit ihm, und so zog er umher, tat den Menschen Gutes und heilte alle, die der Teufel in seiner Gewalt hatte."* Ist dir aufgefallen, dass Jesus, der leibhaftige Gott, vom Heiligen Geist gesalbt werden musste, um Menschen zu heilen und von Dämonen zu befreien? Man sollte meinen, er hätte schon allein deshalb, weil er so war, wie er war, keine zusätzliche Kraft des Heiligen Geistes gebraucht. Doch er wies immer wieder auf den Tag hin, an dem du und ich die gleichen Werke tun würden, die er getan hat, und sogar noch größere als er. *„Ja, ich versichere euch: Wer an mich glaubt und mir vertraut, wird auch solche Dinge tun, ja sogar noch größere Taten vollbringen. Denn ich gehe zum Vater"* (Joh 14,12 NeÜ). Mit anderen Worten: Er hatte sich entschieden, nicht eine Klasse für sich zu sein. Auch wir können vom Heiligen Geist gesalbt werden, so wie Jesus es war.

In biblischen Zeiten wurden Menschen körperlich mit Öl gesalbt, um damit Gottes Segen oder Berufung auf dem Leben der betreffenden Person zu symbolisieren. Es war eine physische Handlung, durch die gleichzeitig eine übernatürliche Gabe oder Weihe vermittelt wurde. Die Menschen wurden für einen bestimmten Zweck gesalbt (König, Prophet, Priester usw.), und die Salbung verwandelte sie auf übernatürliche Weise in diese Rolle. Als Aaron zum Beispiel zum Priester geweiht wurde, wurde er auf diese Weise mit Öl gesalbt. *„Und du sollst das Salböl nehmen und auf sein Haupt gießen und ihn salben"* (2 Mose 29,7 LUT). Ebenso goss der Prophet Samuel ein Fläschchen mit Öl über das Haupt von Saul und salbte ihn zum König von Israel, eine Handlung, die diesen innerlich in einen anderen Menschen verwandelte. Später salbte er auch David zum König (vgl. 1 Sam 10,1-9; 16,1-13).

Die Menschen wurden auch mit Öl gesalbt, um Gottes Eingreifen in ihre körperliche Gesundheit zu erhalten. Es heißt: *„Ist jemand unter euch krank, der rufe zu sich die Ältesten der Gemeinde, dass sie über ihm beten und ihn salben mit Öl in dem Namen des Herrn"* (Jak 5,14 LUT). Auch heute noch können wir mit Öl gesalbt werden, wenn wir

Führungsaufgaben in Gottes Gemeinde oder in der Regierung übernehmen. So wie Jesus es erlebt und vorausgesagt hat, können wir vom Heiligen Geist selbst für innere Heilung und Befreiung gesalbt werden.

Mit der Salbung durch den Heiligen Geist ist eine nachweisbare Kraft verbunden. Die Salbung ist etwas Greifbares, nicht nur metaphorisch. Die Salbung wird zerstören, was dich gefesselt oder dämonisch eingeengt hat. Der Prophet Jesaja beschrieb die Salbung mit dieser kraftvollen Aussage: *„... ja, das Joch wird zersprengt werden wegen der Salbung"* (Jes 10,27 SLT). Ein Joch kann in der Bibel eine Metapher für eine schwere, belastende Aufgabe oder Verpflichtung sein. In diesem Abschnitt prophezeite Jesaja die zukünftige Zerstörung der schweren Unterdrückung der Israeliten durch die Assyrer und dass die Salbung eine nationale Befreiung herbeiführen würde. Auch König Rehabeam benutzte diesen Begriff, als er versuchte, seine Untertanen mit Terror zur Unterwerfung zu zwingen. Er drohte ihnen mit „einem schweren Joch"[2]. Das Zerbrechen eines Jochs symbolisierte in der Bibel oft die Freiheit von Unterdrückern. Dämonen mögen kommen, um dich zu terrorisieren und zu unterdrücken, aber es ist die Salbung, die das Joch zerbricht.

Gesalbt, um zu heilen und zu befreien

Johannes der Täufer, ein radikaler Nasiräer[3], hatte darauf gewartet, dass eine Prophezeiung sich vor seinen Augen erfüllen würde. Er erklärte

---

2 *„Nun denn, mein Vater hat euch ein schweres Joch aufgeladen, ich aber will euer Joch noch schwerer machen. Mein Vater hat euch mit Peitschen gezüchtigt, ich aber will euch mit Skorpionen züchtigen!"* (1 Kön 12,11).

3 „Nasiräer", Artikel aus *Easton's Bible Dictionary,* Bible Study Tools (https://www.biblestudytools.com/dictionary/nazarite/):
Nasiräer (hebr. Form Nazirite) ist die Bezeichnung für solche Israeliten, die das in 4. Mose 6,2-21 vorgeschriebene Gelübde abgelegt haben. Das Wort bezeichnet allgemein jemanden, der von anderen getrennt und Gott geweiht ist. Obwohl es keine Erwähnung von Nasiräern vor Simson gibt, ist es offensichtlich, dass es sie schon vor der Zeit von Mose gab. Das Gelübde eines Nasiräers beinhaltete drei Dinge: (1) Enthaltsamkeit von Wein und starkem Getränk, (2) Verzicht auf das Abschneiden der Haare während der gesamten Dauer des Gelübdes und (3) die Vermeidung des Kontakts mit Toten. Wenn die Zeit der Aufrechterhaltung des

dies über Jesus: *„Ich kannte ihn nicht, doch Gott, der mir den Auftrag gegeben hat, mit Wasser zu taufen, sagte zu mir: ‚Der, auf den du den Heiligen Geist herabkommen und sich niederlassen siehst, ist der, den du suchst. Er ist es, der mit dem Heiligen Geist tauft'"* (Joh 1,33 NLB). Endlich war dieser Tag gekommen. Es war ein Tag wie kein anderer. Jesus, Gott in Menschengestalt, wurde von Johannes dem Täufer im Wasser getauft. Dann betete Jesus, der direkt neben Johannes im Jordan stand, ein Gebet, das den Himmel öffnete. Die Stimme Gottes, des Vaters, erklang vom Himmel herab auf die Erde: *„Dieser ist mein geliebter Sohn, an dem ich Wohlgefallen gefunden habe"* (Mt 3,17). Innerhalb weniger Augenblicke kam der Heilige Geist in Gestalt einer Taube auf Jesus herab. Die Ankunft des Heiligen Geistes war sanft, aber seine wilde Natur kam fast sofort zum Vorschein. Er trieb Jesus vierzig anstrengende Tage und Nächte lang in die Wüste, wo er vom Satan versucht wurde.[4] Obwohl er müde und hungrig war, überwand Jesus meisterhaft jede dämonische Versuchung und wurde von den Engeln, die ihm beistanden, ermutigt und gestärkt. Dann kehrte er, erfüllt mit der Kraft des Heiligen Geistes, in seine Heimatstadt Nazareth zurück.

Wie es seine Gewohnheit war, ging Jesus dort in die Synagoge und las den Anwesenden diese Prophezeiung aus dem Buch Jesaja laut vor: *„Der Geist Gottes, des HERRN, ruht auf mir, denn der HERR hat mich gesalbt, um den Armen eine gute Botschaft zu verkünden. Er hat mich gesandt, um die zu heilen, die ein gebrochenes Herz haben, und zu verkündigen, dass die Gefangenen freigelassen und die Gefesselten befreit werden"* (Jes 61,1 NLB). Dann verkündete er, diese Prophezeiung habe sich nun in ihrer Gegenwart erfüllt. Achte darauf, wozu er vom Heiligen Geist gesalbt wurde: Er wurde gesalbt, um die gebrochenen Herzen zu heilen und die Gefangenen zu befreien.

Gelübdes zu Ende ging, musste der Nasiräer (1) ein einjähriges Lamm als Brandopfer, (2) ein einjähriges Schaf als Schuldopfer und (3) einen Widder als Heilsopfer vor die Tür des Heiligtums bringen. Nachdem der Priester diese Opfer dargebracht hatte, schnitt der Nasiräer sein Haar an der Tür ab und warf es ins Feuer unter das Heilsopfer.

[4] *Gleich darauf drängte der Heilige Geist Jesus, in die Wüste zu gehen. Vierzig Tage lang wurde er dort vom Satan versucht. Er lebte mitten unter den wilden Tieren, und Engel sorgten für ihn* (Mk 1,12-13 NLB).

Er wies auch diejenigen, die an ihn glaubten, an, hinzugehen und das Gleiche zu tun – eine Anweisung für sowohl damals als auch für heute (vgl. Mk 6,7.12-13;16,17). Das sagt uns, dass es eine Salbung durch den Heiligen Geist gibt, um Herzen zu heilen – die Grundlage des Dienstes der inneren Heilung – und ebenso eine Salbung zur Befreiung von Dämonen. Diese Salbung wird auf Menschen kommen, damit ihr eigenes Herz geheilt und befreit wird. Und sie wird auch auf Menschen kommen, die anderen damit in Vollmacht dienen.

Die Salbung des Heiligen Geistes zerstört die dämonische Gebundenheit. Und nicht nur das: Sie fügt dich an allen Stellen wieder zusammen, an denen du zerbrochen wurdest. Jesu Betonung ist klar. Es wird eine Salbung und einen sich daraus ergebenden geistlichen Dienst auf der Erde geben, der sowohl gebrochene Herzen heilt als auch Menschen befreit. Diese Salbung kennt keine Grenzen. Sie sucht sich nicht aus, was sie heilen oder wen sie befreien will. Jesus kam, um uns die volle Freiheit zu geben, nicht nur die halbe (vgl. Joh 8,36).

Ich habe verschiedene Zeugnisse von Menschen gelesen und gehört, die für diese Art des Dienstes an anderen gesalbt wurden. Carlos Annacondia zum Beispiel war ein sehr erfolgreicher Geschäftsmann, der sein Leben im Alter von fünfunddreißig Jahren Jesus übergab. Fünf Tage nachdem er Christus in sein Herz aufgenommen hatte, erlebte er den Geist der Herrlichkeit wie ein brennendes Feuer. Vom Heiligen Geist dazu gedrängt, das Evangelium zu predigen, begann er, die Botschaft der Erlösung in kleinen Städten Argentiniens zu verkünden. Sein Dienst war von Zeichen und Wundern geprägt, von denen das bemerkenswerteste die massenhafte Befreiung von Dämonen war. Eine solche Massenbefreiung ist eine Art Gruppenbefreiung und „wird normalerweise einer ganzen Gruppe von Menschen auf einmal zuteil. Dies steht im Gegensatz zu individuellen Befreiungsdiensten, bei denen jeweils nur einer einzelnen Person gedient wird.“[5]

Eine andere ist Ana Mendez Ferrell, eine Autorin und Pastorin, die starb und in die Hölle kam, nur um danach wieder ins Leben zurückzukehren – allerdings immer noch, ohne Jesus zu kennen. Sie ging in

[5] Agape Bible Fellowship, „Massenbefreiung“, Predigtarchiv, https://www.agapebible.net/sermon-series/mass-deliverance/

psychiatrischen Kliniken ein und aus, versuchte es mit Okkultismus, verlor aufgrund ihrer Instabilität ihre Kinder, erholte sich dann aber, als sie Jesus begegnete und für den Dienst der Befreiung gesalbt wurde. „Jahre der Qual und Depression zu durchleben, erfüllte mich mit einer heiligen Wut gegen Satan und sein zerstörerisches Werk", schreibt sie in ihrem Buch *Regions of Captivity* (Regionen der Gefangenschaft). „Menschen durch die Kraft von Jesus, meinem Erlöser, zu befreien, ist eine der wichtigsten Aufgaben in meinem Leben."[6] Die meisten Seelsorgerinnen und Seelsorger für innere Heilung und Befreiung wurden aufgrund der Probleme, die sie in ihrem eigenen Leben gelöst haben, für diese Arbeit gesalbt. Das ist auch meine Geschichte, und zwar in mehrfacher Hinsicht.

Schritt für Schritt in deinen Dienst

Um das klarzustellen: Jeder, der an Christus glaubt, steht im Dienst. Du bist also ein (geistlicher) Diener. Als Christ bist du auch immer auf irgendeiner Ebene ein Fürbitter, das heißt, du bist dazu berufen, in Partnerschaft mit dem Heiligen Geist für andere zu beten.[7] Und du bist auch überall dort ein Diener des Reiches Gottes, wo Gott dir Einfluss gegeben hat. Dazu gehört es, das Evangelium von Jesus Christus weiterzugeben und die Zeichen eines Gläubigen auszuüben, wie zum Beispiel Kranke zu heilen und Dämonen auszutreiben.[8] Wir kategorisieren „echte" Diener oft sehr eng – als diejenigen, die ein Gehalt von einer

---

[6] Dr. Ana Mendez Ferrell, *Regions of Captivity* (Ponte Vedra, Fla.: Voice of the Light Ministries, 2016), Kindle edition, 23.

[7] Jesus lebt immer, um Fürsprache für uns einzulegen, was oft durch seine Gemeinde auf der Erde geschieht. Wir wissen nicht immer, wie oder was wir beten sollen, aber wenn wir mit dem Heiligen Geist zusammen beten, werden wir jedes Mal das richtige Gebet sprechen (vgl. Hebräer 7,25; Römer 8,26).

[8] *Und er sprach zu ihnen: Geht hin in die ganze Welt und predigt das Evangelium der ganzen Schöpfung! Wer gläubig geworden und getauft worden ist, wird gerettet werden; wer aber ungläubig ist, wird verdammt werden. Diese Zeichen aber werden denen folgen, die glauben: In meinem Namen werden sie Dämonen austreiben; sie werden in neuen Sprachen reden; werden Schlangen aufheben, und wenn sie etwas Tödliches trinken, wird es ihnen nicht schaden; Schwachen werden sie die Hände auflegen, und sie werden sich wohl befinden* (Mk 16,15-18).

Kirche/Gemeinde oder einem anerkannten übergemeindlichen Dienst erhalten.[9] Aber alle, die sich Christus hingegeben haben, tun einen echten Dienst, ob bezahlt oder unbezahlt, anerkannt oder nicht.

Ich bringe nun die Notwendigkeit der Ganzheit im Dienst zur Sprache, weil ich gelernt habe, dass jede Art von Dienst oder Fürbitte die Aufmerksamkeit auf den Zustand deines Herzens lenkt. Der Prophet Jeremia schrieb: *„Trügerisch ist das Herz, mehr als alles, und unheilbar ist es. Wer kennt sich mit ihm aus?"* (Jer 17,9). Ich habe es auf die harte Tour gelernt, dass wir wirklich nicht wissen, was in unserem Herzen ist, wenn der Heilige Geist es nicht offenbart. Gleichzeitig verstoßen die meisten von uns auf irgendeine Art und Weise gegen die Heilige Schrift, entweder wissentlich oder (häufiger) aus Unwissenheit. Wenn es in unseren Herzen ungeheilte Bereiche gibt und wenn wir gegen geistliche Gesetze verstoßen, sind das Gelegenheiten, die Satan ausnutzt, um unser Leben zu behindern und unseren irdischen Dienst zu schmälern. Er sucht nach legalen Gründen, um uns anzugreifen und zu binden, denn er ist ja ein Dieb und will alles an sich reißen, was wir haben. Außerdem will er verhindern, dass wir einen wirksamen Dienst ausüben.

Aus diesen Gründen musste ich realistisch und entschlossen sein, sowohl einen seriösen Dienst der inneren Heilung und Befreiung zu erlangen als auch eine umfassende christliche Seelsorge und Traumatherapie in Anspruch zu nehmen. Wenn ich ein wirksamer Seelsorger und Fürbitter sein wollte, der Bestand hat, musste ich an meinem Herzen arbeiten. Ich hatte keine Ahnung, dass die unzähligen Stunden, in denen ich mich mit den chaotischsten Teilen meines Lebens auseinandersetzte, am Ende ein Buch wie dieses ergeben würden. Natürlich habe ich mich auch mit den vielen Strömungen und Methoden der inneren Heilung und Befreiung vertraut gemacht, wie z. B. *Restoring the*

[9] „Kann man übergemeindliche Dienste biblisch begründen?", https://www.gotquestions.org/parachurch-ministries.html:
Die Definition eines christlichen übergemeindlichen Dienstes ist „eine christliche Glaubensorganisation, die ihren Auftrag in der Regel unabhängig von einer kirchlichen/gemeindlichen Aufsicht ausführt". Ein übergemeindlicher Dienst ist also ein Dienst, der der Ortsgemeinde zur Seite steht und in vielen Fällen das leistet, was die Gemeinde allein nicht leisten kann.

Foundations[10], *Elijah House*[11], *Heart Sync*[12] und *Bethel Sozo*[13], und ich ermutige dich, dasselbe zu tun.

Für den Anfang wollen wir die Begriffe *innere Heilung* und *Befreiung* definieren:

> Innere Heilung ist die Heilung der inneren [Person]: des Gedankenlebens, der Gefühle, der schmerzhaften Erinnerungen, der Träume. Es ist der Prozess, bei dem wir durch Gebet von Groll, Ablehnung, Selbstmitleid, Depressionen, Schuldgefühlen, Angst, Kummer, Hass, Minderwertigkeit, Verurteilung, Wertlosigkeit usw. befreit werden.[14]

Dazu gehört auch die Heilung des verwundeten Geistes, der durch elterliche Ablehnung, okkulten rituellen Missbrauch und anderes entstehen kann. *Befreiung* ist dagegen der Prozess der Dämonenaustreibung.

> Befreiung kommt von Gott und ist Teil des Segens, dass wir in einem Bund mit ihm stehen. Sie zerstört nur das, was vom Teufel ist; sie zerstört niemals das, was vom Heiligen Geist ist. Da die Befreiung ein Werk des Heiligen Geistes ist, baut sie die Heiligen auf und erbaut die Gemeinde. Sie reißt die Festungen des Feindes nieder, baut aber das Werk Gottes auf.[15]

Meine Beobachtung und persönliche Erfahrung mit innerer Heilung und dem Befreiungsdienst ist, dass sie am besten zusammen und nicht getrennt voneinander funktionieren. Um es noch einmal zu wiederholen: Der Apostel Paulus beschrieb Jesus als vom Heiligen Geist mit Kraft gesalbt, um alle zu heilen, die vom Teufel unterdrückt wurden.[16] In diesem Vers wird eine klare Verbindung zwischen Heilung und Befreiung hergestellt. Die ältere Frau, die ich vorhin erwähnt habe,

---

[10] https://www.restoringthefoundations.org
[11] https://elijahhouse.org
[12] http://www.heartsyncministries.org
[13] http://bethelsozo.com
[14] Betty Tapscott, *Innere Heilung.*
[15] John Eckhardt, *The Deliverance and Spiritual Warfare Manual* (Lake Mary, Fla., Charisma House, 2014), Kindle Edition, Kapitel 2.
[16] Vgl. Apg 10,38.

musste von einem Dämon befreit werden, aber es gab einen Grund, warum dieser Dämon da war. Es gab etwas in ihr, von dem sie umkehren und das geheilt werden musste, andernfalls würde die Befreiung von einem Dämon nicht geschehen oder nicht von Dauer sein. Denke immer daran, dass die Sünde die Tür öffnet. Dämonen verschaffen sich – entweder durch Sünden, die du begangen hast, oder in anderen Fällen durch Sünden, die gegen dich begangen wurden – Zugang zu deinem Leben. Der Dämon kann z. B. durch Missbrauch in der Kindheit oder in der Ehe, Okkultismus, Drogensucht, Wut, irgendeine Art von vorsätzlicher und gewohnheitsmäßiger Sünde oder auch etwas anderes die Kontrolle über die ältere Frau erlangt haben. Leider konzentrieren sich die Leute lieber darauf, von Dämonen befreit zu werden, als sich damit auseinanderzusetzen, warum die Dämonen überhaupt Zugang zu ihrem Leben hatten. Die Dämonisierung kann aus einem oder mehreren von hundert verschiedenen Gründen geschehen sein, aber diese Gründe müssen vom Heiligen Geist aufgedeckt und dann durch die Kraft von Jesus Christus geheilt werden.

Eine größere Salbung wartet auf dich

Jede Salbung des Geistes auf deinem Leben hat einen Startpunkt. Darauf folgt eine Zeit, in der du lernst, wie du sie effektiv ausüben kannst. Die ältere Frau in der Einrichtung war nicht die erste Person, zu der ich aufgrund einer Eingebung des Heiligen Geistes, wie ich es schon oft erlebt hatte, gesandt wurde, um mit ihr zu sprechen. Glücklicherweise erhielt ich von den meisten Menschen, die ich auf diese Weise angesprochen habe, nicht die gleiche Reaktion. Als diese Eingebungen immer wieder auftauchten, vor allem in den ersten Jahren als Christ, verbrachte ich zunächst instinktiv ein paar Momente im Gebet, in denen ich versuchte, das Herz des Heiligen Geistes für jede einzelne Person, zu der er mich sandte, zu hören. Im Laufe der Jahre erhielt ich jedoch ähnliche innere Impulse vom Heiligen Geist, nicht nur bestimmten Menschen zu dienen und für sie zu beten, sondern auch an verschiedene Orte zu gehen und dort beten. Ich merkte, dass alles, was ich tat, in irgendeiner Weise mit Befreiung zu tun hatte, sei es der Dienst an Einzelnen oder das strategische Gebet für geografische Orte.

Ich gebe zu, dass es bei dieser Art von Gebetsausflügen schwieriger ist festzustellen, was sie bewirken. Doch wenn du ihn kennst und seine Stimme hörst, lernst du, in einfachem Vertrauen hinauszugehen und die Dinge zu beten, die er dir aufs Herz gelegt hat. Diese mächtige Partnerschaft basiert auf den Gebetsanweisungen Jesu an seine Jünger und nun auch an uns, nämlich dafür zu beten, dass Gottes Reich kommt und sein Wille „wie im Himmel so auch auf Erden" geschieht (vgl. Matthäus 6,10). Diese Art der Fürbitte schafft eine echte Verbindung zwischen Himmel und Erde und soll geografische Regionen von territorialen Dämonen befreien, die ihre Bewohner davon abgehalten haben, das Evangelium von Jesus Christus zu empfangen. Aus zahlreichen historischen Berichten und meiner eigenen Erfahrung geht klar hervor, dass es vor einer Erweckung, d. h. einer geografischen Massenbekehrung zum Evangelium Jesu Christi, zuerst einen Fürbitter gibt. Dieser Fürbitter versteht Befreiung nicht nur auf persönlicher Ebene, sondern auch für Gebiete, und weiß, wie er Befreiung auf regionaler Ebene und darüber hinaus bewirken kann.[17]

An dieser Stelle fragst du dich vielleicht: *Sollte es in diesem Buch nicht um innere Heilung und Befreiung gehen, aber eher auf einer persönlichen Ebene?* Das stimmt! Ich habe den Lebensstil eines Fürbitters erwähnt, d. h. Beauftragungen für Gebet und intensive Fürbitte an bestimmten Orten, um eine dringend notwendige und allgemeinere Diskussion zum Thema Ganzheit im persönlichen Dienst anzustoßen.

Entscheide dich, heil zu werden

Bei einer erfolgreichen inneren Heilung und Befreiung geht es mehr um den Weg und den Prozess der Ganzwerdung als um eine Sofortlösung für die Beschwerden des Lebens, denn Heilung braucht Zeit.

---

[17] Es gibt viele Beispiele für Menschen, die auf regionaler Ebene und darüber hinaus Befreiung bewirkt haben, aber von denen, die Geschichte geschrieben haben, sind vor allem Bruder Daniel Nash und Abel Cary zu nennen, die bei den Erweckungsversammlungen von Charles Finney im Bundesstaat New York mit ihrer Fürbitte viel bewirkt haben. Dr. Michael H. Yeagar, *Daniel Nash, A Man Mighty in Prayer: The Key to Revival* (2019).

Deshalb muss eine Person stichhaltige, felsenfeste Gründe haben, um Schritte zur Heilung zu unternehmen. In Johannes 5,1-9 lesen wir,

> *Einige Zeit später ging Jesus zu einem der jüdischen Feste nach Jerusalem hinauf. Dort gab es in der Nähe des Schaftors eine Teichanlage mit fünf Säulenhallen, die auf Hebräisch „Betesda" genannt wird. In diesen Hallen lagen Scharen von kranken Menschen, Blinde, Gelähmte, Verkrüppelte.*
> *Einer der Männer dort war seit achtunddreißig Jahren krank. Als Jesus ihn sah, wurde ihm klar, dass er schon lange krank war, und er fragte ihn: „Willst du gesund werden?"*
> *„Herr", erwiderte der Kranke, „ich habe niemand, der mir hilft, in den Teich zu kommen, wenn das Wasser bewegt worden ist. Und wenn ich es selbst versuche, kommt immer schon ein anderer vor mir hinein."*
> *„Steh auf, nimm deine Matte und geh!", sagte Jesus da zu ihm. Im selben Augenblick war der Mann geheilt. Er nahm seine Matte und ging los. Das geschah an einem Sabbat.*

Jesus fragte diesen kranken Mann am Teich Bethesda: „Willst du gesund werden?" (Vers 6). Warum stellt Jesus eine scheinbar offensichtliche Frage? Möchte nicht jeder gesund werden? Wenn du dich entscheidest, deine Heilung anzustreben, ist das immer mit Arbeit verbunden. Es erfordert Arbeit, sich den schwierigen Teilen deiner Vergangenheit zu stellen und sie zu bewältigen, denen du dich noch nie gestellt hast. Es erfordert Arbeit, nicht nur tiefsitzenden Schmerz und tiefsitzende Ängste auszugraben, sondern auch an Gott festzuhalten, wenn deine innere Welt auf den Kopf gestellt wird. Die widerspenstigen Emotionen, die in diesem Prozess auftauchen, sind nicht nur vorübergehend, sondern auch äußerst heftig. Das ist der Grund, warum du dich oft daran erinnern musst, warum du gesund werden willst.

Ich möchte dich jetzt dazu inspirieren, dich voll und ganz auf deine persönliche innere Heilungs- und Befreiungsreise einzulassen. Gott wartet schon sehnsüchtig darauf, aus deiner Asche eine noch nie dagewesene Schönheit zu erschaffen.[18] Wenn er dich befreit und wiederherstellt, tut er das mit einem Ausrufezeichen. Außerdem hängen Menschen, die du noch nicht kennst, von deiner Heilungsgeschichte ab. Wenn eine Person Ganzheit, Heilung und Befreiung erfährt, hat dies weitreichende Auswirkungen – nicht nur auf das Hier und Jetzt, sondern auch auf ganze Stammbäume kommender Generationen. Gott hat mir sein Versprechen gegeben, und ich glaube, das gilt auch für dich. Er sagte: *„Was andere besiegt hat, wird dich nicht besiegen."* Wenn dir deine Situation unmöglich erscheint, dann sei dir bewusst, dass du mit einer göttlichen Gnade „geküsst" wirst, um zu überwinden, was andere nicht überwinden wollten oder konnten. Auch du empfängst vom Heiligen Geist die Gabe des Glaubens, der ein übernatürlicher Glaube und kein gewöhnlicher Glaube ist. Mit Gottes Hilfe wirst du den schlimmsten Schaden deiner Vergangenheit besiegen, solange du auf seine Frage „Willst du gesund werden?" immer wieder mit Ja antwortest.

Mein Gebet für dich

Im Namen Jesu lade ich den Heiligen Geist ein, eine wundersame Heilung in deinem Herzen zu bewirken. Ich bitte ihn, dich mit übernatürlichem Mut und einer göttlichen Fähigkeit auszustatten, dich dem zu stellen, was du bisher nicht konntest. Möge er dir die Kraft geben, alles zu überwinden und von allem geheilt zu werden, was der Mensch für unmöglich hält. Ich bete dafür, dass du das gute Wort hörst, verstehst und glaubst, das er seit ewigen Zeiten über dich ausgesprochen hat. Mögen seine Liebe und seine Herrlichkeit dich dazu bringen, dich aus deiner Asche und deinen dunklen Orten zu erheben und im Herrn zu großen Höhen aufzusteigen. In Jesu Namen, Amen.

[18] *Er hat mich gesandt, um es den Trauernden zu ermöglichen, dass ihnen ein Kopfschmuck anstelle von Asche, Freudenöl anstelle von Trauerkleidern, und Lobgesang anstelle eines betrübten Geistes gegeben werde; und dass man sie »Eichen der Gerechtigkeit« und »Pflanzung zur Verherrlichung des HERRN« nennen kann* (Jes 61,3 NLB).

Reich-Gottes-Gedanken

1. Jesus, Gott in Menschengestalt, musste vom Heiligen Geist gesalbt werden, um Menschen zu heilen und von Dämonen zu befreien. So wie Jesus es erlebt und vorausgesagt hat, können auch wir vom Heiligen Geist selbst für den Dienst der inneren Heilung und Befreiung gesalbt werden.
2. Es ist die Salbung, die das Joch – eine biblische Metapher, um eine schwere, belastende Aufgabe oder Verpflichtung zu beschreiben – zerbricht. Sie zerstört auch dämonische Fesseln jeglicher Art.
3. Ungeheilte Herzprobleme und Verstöße gegen geistliche Gesetze (Sünde) sind Dinge, die Satan ausnutzt, um unser Leben zu behindern und unseren irdischen Dienst zu schmälern.
4. Manche Menschen konzentrieren sich darauf, von Dämonen befreit zu werden, ohne sich damit auseinanderzusetzen, warum die Dämonen überhaupt Zugang zu ihrem Leben hatten. Befreiung und innere Heilung gehören immer zusammen.
5. Wenn Gott dich befreit und wiederherstellt, tut er das mit einem Ausrufezeichen. Menschen, die du noch nicht kennst, sind auf deine Heilungsgeschichte angewiesen.

Reich-Gottes-Fragen

1. Wie oft wird Dämonisierung als psychische Krankheit fehldiagnostiziert? Kannst du klare Beispiele für solche Fehldiagnosen nennen?
2. Was ist der Zweck der Salbung? Wie hat die Salbung ein Joch in deinem Leben zerbrochen?
3. Hast du dich jemals durch emotionale Wunden und geistliche Gebundenheit in deinem persönlichen Dienst behindert gefühlt? Warum bzw. warum nicht?
4. Warum lehnen manche Menschen den Prozess der persönlichen inneren Heilung und Befreiung ab?
5. Willst du gesund werden?

Kapitel 2

Tote Herzen werden wirklich wieder lebendig

(Dieses Kapitel enthält sensible Themen. Lies es mit Vorsicht.)

Ich diente zusammen mit einem kleinen Team anderer Prophetinnen und Propheten an einer großen und beliebten Prophetenschule, an der ich schon seit einigen Jahren mitarbeitete. Dieses Mal war ich nervös und emotional aufgewühlt am Veranstaltungsort angekommen, da ich in der Woche zuvor eine Fehlgeburt erlitten hatte. In meiner Trauer erlebte ich eine Unmenge an Gefühlen, wie Zorn oder Traurigkeit. Zum Glück sorgten die Schule und andere Mitarbeiter für eine gesunde Ablenkung und für die nötige emotionale Unterstützung, während ich dort war.

Während einer Abendveranstaltung diente ein Gastprophet eines großen internationalen Dienstes. Er war ein hervorragender und dynamischer Lehrer, der durch den Heiligen Geist wirklich vollmächtig diente. Am Ende dieser Sitzung schien sich die prophetische Salbung wie Wasser über den ganzen Raum zu ergießen. Der Gastprophet begann Worte zu prophezeien, die wie ein feuriger Strom zu fließen schienen. Zuerst prophezeite er einer jungen Frau aus Uganda, die verzweifelt wissen wollte, welche Zukunft Gott für ihr Leben und ihr notleidendes Land vorgesehen hatte. Während er ihr diente, fiel die Salbung plötzlich und ohne Vorwarnung wie ein riesiger Wasserschwall auf mich und verursachte einen plötzlichen Tränenausbruch. Dann wandte er seine Aufmerksamkeit von der ugandischen Frau auf mich und begann, mir eine mächtige Veränderung in meinem Leben zu prophezeien.

Er rief laut: „Du bist dein ganzes Leben lang eingeschüchtert worden!" Das alles geschah vor siebenhundert oder mehr Personen, und ich ärgerte mich sofort über seine Aussage. Aus irgendeinem Grund fühlte ich mich bloßgestellt und verletzlich. Er brachte noch ein paar Dinge in dieser Richtung zum Ausdruck, bevor er sagte: „Ich sehe eine Menge asiatischer Menschen. Du wirst einmal in Ostasien dienen." Als Nächstes nannte er so viele ostasiatische Länder, wie ihm einfielen, wie z. B. China, Korea, Thailand, Malaysia oder Vietnam.

An diesem Punkt stritt ich mit ihm, aber nur innerlich. *Es heißt Zentralasien, nicht Ostasien. Du hast das falsche Asien erwischt.* Zu der Zeit stimmte das auch. Ich hatte in Partnerschaft mit einer evangelistischen Organisation in einer Untergrundstruktur in Zentralasien gearbeitet. Ich hatte nie den Wunsch, nach Ostasien zu gehen.

Dann nahm die prophetische Äußerung plötzlich eine tiefe Wendung und machte mich fast atemlos. Der Prophet sagte: „Und dein Vater …"

Als er das sagte, schaltete ich unterbewusst auf Autopilot. Ohne zu wissen, was ich tat, wandte ich mich ganz von ihm ab und wollte aus dem Gebäude gehen. Plötzlich wurde mir bewusst, dass ich mich in einem Auditorium vor einer großen Menschenmenge befand und dass meine abfällige Reaktion gefilmt wurde. Deshalb drehte ich mich wieder um und wandte mich dem Prophet zu, aber innerlich war ich wütend. *Wage es bloß nicht, meinen Vater zu erwähnen.*

Dann schloss er mit einer schockierenden Aussage: „Und der Dienst, der auf deinem Vater lag, kommt jetzt auf dich."

Ein wiederhergestelltes geistliches Erbe

Ich habe nur gelegentlich in der Öffentlichkeit darüber gesprochen, aber diesen Teil meines Zeugnisses habe ich nie aufgeschrieben, damit es von einem größeren Publikum gelesen werden könnte. Denn zumindest für mich scheint es so zu sein, dass, wenn ich etwas aufgeschrieben habe, damit andere es lesen können, es in meiner Psyche eine tiefere Bedeutung annimmt. Dieses Thema war auch nie etwas, das ich wirklich fassen konnte.

Wie ich bereits in der Einleitung erwähnt habe, fehlen mir viele Erinnerungen an meine Jugendjahre. Ich kann mich an die Höhepunkte erinnern – wie z. B. meine Herkunftsfamilie, das Aufwachsen in der Mormonenkirche, das Leben und die Ausbildung in Modesto, Kalifornien, die wachsenden Probleme in meiner unmittelbaren Familie und ein paar andere Dinge. Gleichzeitig wurden mir diese fehlenden Zeitabschnitte bewusst, die alle zu einer Szene in meinen Teenagerjahren hinführten, die mich eigentlich hätte erschüttern müssen. Stattdessen wurde sie zum Auslöser dafür, dass ich Jesus Christus als meinen Herrn und Retter annahm.

Mein leiblicher Vater, der inzwischen verstorben ist, lebte und arbeitete seit meiner Grundschulzeit in Hollywood in Kalifornien. Ich besuchte ihn ein paar Wochen oder mehr im Jahr, wie zwischen ihm und meiner Mutter vereinbart. Er war von Beruf Wirtschaftsprüfer und arbeitete in der Finanzbranche von Hollywood. Abgesehen davon, dass ich ihn auf ein paar Geschäftsreisen begleitete, die meiner Meinung nach alle eine Katastrophe waren, war meine einzige Erinnerung an sein Arbeitsumfeld ein einziger Besuch in seinem Büro irgendwo in der Innenstadt von Hollywood. Ich war im frühen Grundschulalter und erinnere mich, dass ich mit dem Aufzug in das höchste Gebäude fuhr, in dem ich je gewesen war. Ich war ziemlich beeindruckt von dieser Erfahrung, vor allem als ich sein geräumiges Büro, den großen Schreibtisch und den großen Ledersessel sah.

Zur gleichen Zeit war mein leiblicher Vater Alkoholiker, schizophren und emotional ziemlich unausstehlich. Ich fragte mich, wie er bei all dem seinen Job behalten konnte, erlebte ich doch hautnah, wie sehr sein Alkoholkonsum außer Kontrolle geraten war. Ich möchte nochmals betonen, dass es diese großen Zeitlücken in meiner Kindheit gab, an die ich keine Erinnerungen zu haben schien – ein Phänomen, auf das ich später im Buch eingehen werde. Woran ich mich jedoch erinnere, ist, was während meines jährlichen Besuchs in Hollywood im Sommer vor meinem sechzehnten Geburtstag geschah. Es war der Albtraum, aus dem ich nicht mehr aufwachen konnte. Buchstäblich.

Ich war in der Wohnung meines biologischen Vaters zu Bett gegangen und eingeschlafen. An viel mehr kann ich mich nicht erinnern, aber in der Nacht fiel ich wie in einem schrecklichen Albtraum einer aggressiven Vergewaltigung zum Opfer. Ich spürte jedes Detail, was passierte, fühlte mich aber seltsam unbeweglich, als wäre ich betäubt und unfähig, aufzuwachen und es zu beenden. Mein erster Gedanke war, dass es sich um eine Art schrecklichen Albtraum handelte und ich mir das Ganze nur eingebildet hatte. Aber so etwas bildet man sich nicht ein oder denkt es sich aus. Der Beweis für die Vergewaltigung zeigte sich, als ich ein paar Monate später wegen einer unbehandelten Beckenentzündung in der Notaufnahme landete. Voller Entsetzen und langsam begreifend, dass mein leiblicher Vater mich irgendwie unter Drogen gesetzt und schrecklich vergewaltigt hatte, fand ich mich zum Schweigen verpflichtet und unfähig, Ärzten, Familie und Freunden zu erzählen, was wirklich passiert war.

Wie erwartet, hatte das bei mir ein ernsthaftes psychologisches und geistliches Nachspiel. Mein Verhalten geriet außer Kontrolle: Drogen und Alkohol, Beziehungen zu Jungs, Wut und Rebellion. Ich wurde auch körperlich krank und bekam eine Schlafstörung, die sich auf meine schulischen Leistungen und Noten auswirkte. Außerdem fühlte ich mich von einer greifbaren Dunkelheit umgeben und wurde aktiv von Dämonen gequält. Und die Mormonenkirche? Ich hatte ihre religiösen Standards nicht erfüllt, und sie hatte eindeutig keine Kraft, um mir bei meiner Heilung zu helfen. Einige Jahre später besuchte ich in völliger Verzweiflung auf Einladung eines Verwandten den Gottesdienst einer kleinen Pfingstgemeinde. Dort begegnete ich der spürbaren Gegenwart von Jesus Christus und übergab ihm mein Leben. Außerdem wurde ich mit dem Heiligen Geist erfüllt und konnte in anderen Sprachen sprechen.[1] Die gesamte Erfahrung brachte mein rebellisches Verhalten zum Schweigen und bewirkte eine radikale Wende. Ich begann mein neues Leben in absoluter Liebe zu Jesus Christus, nachdem ich mit der Kraft des Heiligen Geistes erfüllt worden war.

[1] Wenn du im Heiligen Geist getauft wirst, sprichst du in einer ganz neuen Sprache; nur ist es eine himmlische Sprache, keine natürliche. Andere Bezeichnungen für dieselbe Erfahrung sind *Beten im Geist, Reden in einer unbekannten Sprache* und *die Verheißung des Vaters empfangen.* Wenn du mehr darüber wissen willst, wie du deine geistliche Sprache durch die Taufe im Heiligen Geist empfängst, lies den Anhang meines Buches *Glory Carriers* (Minneapolis: Chosen, 2019).

Im Gegensatz dazu verließ mein leiblicher Vater das Land, kurz nachdem er mich sexuell missbraucht hatte, und tauchte schließlich in Japan wieder auf. Soweit ich weiß, war er nicht mehr berufstätig und schien ebenfalls ein neues Leben zu beginnen, ein Leben, zu dem auch eine junge japanische Freundin gehörte. Ich weiß nicht mehr, wer mir das erzählt hat, aber ich war mir seiner tiefen Zuneigung für ostasiatische Menschen und ihre Kultur im Allgemeinen bewusst. Obwohl ich die genauen Details nicht kenne, kehrte er in die Vereinigten Staaten zurück, nachdem er in Japan auf der Straße von einem großen Fahrzeug angefahren und verletzt worden war. Später wurde er tot in seiner Wohnung aufgefunden, angeblich aufgrund von „zu hohem Alkoholkonsum“. Als ich die Nachricht von seinem Tod erhielt, studierte ich gerade an der *Oral Roberts University* Massenmedienkommunikation. Meine erste Reaktion war ein Gefühl tiefer Erleichterung. Ich blieb mit meiner Großmutter in Kontakt, während sie um ihren toten Sohn trauerte, aber ich nahm nicht an seiner Beerdigung teil und habe nie erklärt, warum.

Ich glaube heute, dass die Leidenschaft meines leiblichen Vaters für den Orient höchstwahrscheinlich ein verpasster geistlicher Auftrag war. In seinem Unglauben und seiner Gottlosigkeit hat er diesen Auftrag für den Herrn nie angenommen. Doch Jesus vergisst nicht und nimmt nicht zurück, was er uns zu tun aufgetragen hat. In Römer 11,29 (GNB) lesen wir: *„Denn Gott nimmt seine Gnadengeschenke nicht zurück, und eine einmal ausgesprochene Berufung widerruft er nicht“*, und darauf wies der Gastprophet durch die Salbung des Geistes hin.

Zur Veranschaulichung: Als die erste Generation der Israeliten aus Ägypten herauskam, hatte sie die klare Verheißung, dass sie ihr eigenes Land haben würden, aber sie verwirkten ihr geistliches Erbe, weil sie nicht daran glaubten. Der Segen, ein Land zu bekommen, verflüchtigte sich nicht wie ihr Glaube und wurde stattdessen an die nächste Generation weitergegeben. Du kennst wahrscheinlich die Geschichte aus dem Buch Josua, dass Josua die nächste Generation der Israeliten in ihren Segen führte und sie ihr geistliches Erbe erhielten. Auch ich war die nächste Generation, die ein Erbe erhielt, das die vorherige Generation verwirkt hatte.

„Der Dienst, der auf deinem Vater lag, kommt jetzt auf dich", hatte der Prophet gesagt. Das Gute ist, dass ich durch die empfangene christliche Seelsorge gut in der Lage war, diese Erinnerungen konstruktiv zu verarbeiten, als sie auftauchten. Es dauerte eine Weile, bis ich das prophetische Wort verstanden hatte, aber ich konnte mit der Zeit die Hand des Herrn in der ganzen Sache sehen. Nachdem dieses prophetische Wort gesprochen worden war, scharten sich mehrere ostasiatische Geistliche auf der Konferenz um mich und reichten mir ihre Visitenkarten. Innerhalb eines Jahres begann ich, Fürbittereisen nach China zu leiten.

Kannst du etwas mit dem anfangen, was ich gerade erzählt habe? Gab es in deiner Familie schwere Kämpfe? Ich möchte, dass du dir überlegst, worum es in diesem geistlichen Krieg wirklich geht. Dein geistliches Erbe und der Segen der Generationen werden von Satan und seinen Dämonen heftig angefochten. Diese abscheulichen Kämpfe wurden angezettelt, um die Segnungen deiner Blutlinie zu stehlen, deine eigene und die deiner leiblichen und geistlichen Kinder. Egal wie hässlich dein Kampf war, ich möchte dir versichern, dass Gott ein gutes Wort über dich spricht.[2]

Eine ungewöhnliche Auferstehung

Ich plante gerade meine vierte Fürbittereise nach China. Eine Fürbittereise ist ähnlich wie ein kurzfristiger Missionseinsatz, aber mit einem anderen Ziel. Anstatt zu evangelisieren und zu predigen, planten wir unsere Reisen so, dass wir uns in wichtigen Gebieten aufhielten, die Fürbitte brauchten (wie z. B. der Platz des Himmlischen Friedens[3]

---

[2] *Und der HERR sprach zum Satan: Hast du achtgehabt auf meinen Knecht Hiob? Denn es gibt keinen wie ihn auf Erden – ein Mann, so rechtschaffen und redlich, der Gott fürchtet und das Böse meidet!* (Hiob 1,8). Hiob befand sich in einem erbitterten geistlichen Kampf mit Satan, aber Gott kannte Hiobs Herz bereits und drückte es auch aus. Er wusste, dass Hiob ihm treu bleiben würde.

[3] Der Tian'anmen-Platz oder Platz (am Tor) des Himmlischen Friedens ist ein Platz im Zentrum von Peking, der Hauptstadt der Volksrepublik China (wikipedia 22.02.2023).

oder der Tianfu-Platz[4]). Wir waren an einigen besonderen Orten trotzdem eingeladen, das Evangelium zu verkünden, aber unsere Hauptaufgabe war klar. Wir sollten mit unserer gezielten Fürbitte Gottes Reich und seinen Frieden aufrichten. Bevor wir auf Reisen gingen, bereiteten wir unsere Herzen immer mit Fasten und Gebet vor.

Während einer solchen Zeit des Gebets für China sprach der Heilige Geist mit ungewöhnlicher Klarheit zu mir. Er sagte: *Geh nicht nach China. Geh nach Thailand und tu dort Fürbitte.* Inzwischen hatte ich China richtig lieb gewonnen: das geschäftige Stadtleben von Peking, die authentische chinesische Küche, die wunderschöne Landschaft von Chengdu, die Kultur und die Menschen. Ich war aber genauso begeistert, dass ich dazu berufen wurde, in dem einzigartigen geistlichen Terrain Thailands zu beten und zu dienen.

Ich nahm an, dass es angesichts des Rufs, den Thailand in Bezug auf Korruption, Götzendienst und Sexhandel hatte, eine noch größere geistliche Herausforderung sein würde. Der Heilige Geist vertraute mir einen weiteren Gebetsauftrag an, etwas, das er von Zeit zu Zeit mit seinen Fürbitterinnen und Fürbittern tut, und das ich nicht auf die leichte Schulter nahm.

Ich hatte keine Kontakte zu geistlichen Diensten in Thailand, sondern nur die klare Anweisung Gottes. Ich wusste nicht, wohin ich in diesem Land gehen oder mit welcher Gemeinde ich Kontakt aufnehmen sollte. Aufgrund früherer Gebetsaufträge wusste ich jedoch, dass sich alles perfekt fügen würde, und ich unternahm einige kühne Schritte, ohne dass alles genau geplant war. Im Gebet wählte ich ein kleines Team von Fürbitterinnen und Fürbittern aus, mit denen ich zusammenarbeiten wollte. Wir beschlossen dann, unsere Reisedaten in unseren Kreisen bekannt zu geben, und warteten darauf, dass sich Gottes Plan entfalten würde. Bald darauf erhielt ich eine Nachricht von einer wunderbaren christlichen Geschäftsfrau in Thailand, die meinem Team und mir anbot, unseren Gebetsauftrag in ihrem Land und in Verbindung mit ihrer Gemeinde zu beginnen. Außerdem hatte ich kurz zuvor eine weitere Einladung erhalten, auf einer Gebetskonferenz in der

---

[4] Tianfu bedeutet „Tor der himmlischen Regierung“, wie unser chinesischer Gastgeber während einer Gebetsreise in diesem Land übersetzte.

Nähe von Perth, Australien, zu dienen. Auch diesbezüglich spürte ich Gottes tiefe Gegenwart. Die australische Einladung war, ehrlich gesagt, jedoch ein bisschen zu perfekt. Sie versprach angenehmes Wetter und der Veranstaltungsort lag direkt am Indischen Ozean. Da ich Gebet lebe und atme, erwartete ich, dass die Konferenz in Perth eine einfachere und entspannendere Aufgabe sein würde, bevor die schwierigere in Thailand anstand. Da lag ich aber völlig falsch.

Während unseres Aufenthalts in Thailand begannen wir unsere Fürbitte in Bangkok auf einem belebten Stadtplatz, auf dem sich eine Reihe berüchtigter Schreine und Götzen befindet.[5] Diese Götzen werden von Abertausenden von Anhängern verehrt, sogar rund um den Globus. Die geistliche Atmosphäre in dieser Gegend war voller dämonischer Aktivität. Der stärkste und auffälligste Götze war der Gott des Glücks, der von einem großen, goldenen thailändischen Elefanten repräsentiert wurde. In der Gegenwart dieses dämonisch aufgeladenen Götzen und seiner Anbeter standen mir die Haare im Nacken und auf den Armen zu Berge. Man konnte auch spüren, dass von dem Götzen ein Zorn ausging, als hätte er „Eindringlinge", also Jesus-Anbeter, entdeckt. Nachdem wir für die Errettung der Menschen und für die ganze Region gebetet hatten, gingen wir später am Abend zu einem Treffen christlicher Geschäftsleute. Die Anwesenden waren sehr gut gekleidet, trugen Anzug und Krawatte und waren alle sehr hungrig nach dem Heiligen Geist. Wie nicht anders zu erwarten, wurden sie auch von geistlichen Belastungen befreit, einige mussten sich sogar übergeben, als ihre Dämonen sie verließen.

Diese Ebene der Fürbitte war schwierig, aber wir empfingen eine spürbare Gnade von Gott und hatten genügend geistliche Autorität, um dieses Klima ohne Zwischenfälle zu meistern. Perth dagegen war überraschenderweise viel schwieriger. Ein Grund dafür war eine alte dämonische Festung im Land, wie ich sie noch nie zuvor erlebt hatte. Der Begriff „Festung" kommt in der Bibel mindestens fünfzig Mal

---

[5] Diese Art der Fürbitte ist etwas, das diejenigen, die neu im Gebet sind, nicht tun sollten. Wenn du nicht weißt, was du tust, kannst du dir und deiner unmittelbaren Familie ernsthaften Schaden zufügen. Um für die Fürbitte auf höherer Ebene gerüstet zu sein, lies mein Buch *Das Fürbitter-Handbuch* (GloryStar-Verlag, 2021) und Cindy Jacobs, *Possessing the Gates of the Enemy.*

vor. Er bezieht sich oft auf eine schwer zugängliche Bastion (vgl. Ri 6,2; 1 Sam 23,14). Eine Festung kann sowohl natürlich als auch geistlich sein. Der Apostel Paulus verwendet den Begriff, um eine Denkweise oder Haltung zu beschreiben:

> *Denn obwohl wir im Fleisch wandeln, kämpfen wir nicht nach dem Fleisch; denn die Waffen unseres Kampfes sind nicht fleischlich, sondern mächtig für Gott zur Zerstörung von Festungen; so zerstören wir (überspitzte) Gedankengebäude und jede Höhe, die sich gegen die Erkenntnis Gottes erhebt, und nehmen jeden Gedanken gefangen unter den Gehorsam Christi* (2 Kor 10,3-5).

Folglich war ich nicht richtig darauf vorbereitet, diese Festung zu bekämpfen und zu überwinden, und musste einen völlig neuen Bereich der Befreiung lernen.

Dabei stieß ich auf eine uralte schlangenartige Gottheit, die von den australischen Ureinwohnern als Wagyl verehrt wird. Über diese Reise habe ich in meinem Buch *Glory Carriers* ausführlicher geschrieben.[6] Zusammenfassend kann man sagen, dass dieser Götze sowohl Elemente eines Leviathan-Geistes aufwies, des dämonischen Königs des Stolzes[7], als auch eines Python-Geistes, der ein Geist der Wahrsagerei[8] ist. Der geistliche Angriff erfolgte einige Wochen vor der Reise in Form einer Atemwegserkrankung, die das Atmen sehr erschwerte und einen unerwarteten Besuch in der Notaufnahme eines Krankenhauses sowie fünf Tage Bettruhe erforderlich machte. Ein

---

[6] Eivaz, *Glory Carriers*, 81–86.

[7] Die Bibel erwähnt den Leviathan in den Psalmen, bei Jesaja und im Buch Hiob. Eine ausführliche Beschreibung findet sich in Hiob 40 und 41, beginnend mit Hiob 40,25 (LUT): *„Kannst du den Leviatan am Haken ziehen und sein Maul mit einem Strick niederhalten?“* Sie endet mit: *„Er sieht allem ins Auge, was hoch ist; er ist König über alle Stolzen“* (Hiob 41,26 LUT).

[8] *„Es geschah aber, als wir zur Gebetsstätte gingen, dass uns eine Magd begegnete, die einen Wahrsagegeist hatte; sie brachte ihren Herren großen Gewinn durch Wahrsagen“* (Apg 16,16). Der Geist der Weissagung, auf den in diesem Vers Bezug genommen wird, ist eigentlich ein Python-Geist und gilt historisch gesehen als der Schutzgeist des Orakels von Delphi. Wenn du dir vorstellst, wie sich ein Python in der Natur verhält, kannst du dir ein Bild machen. Vgl. Eivaz, *Glory Carriers*, 81-82.

Angriff auf deine Atmung kann auf die Anwesenheit eines Python-Geistes hindeuten, der sich wie eine natürliche Python verhält und versucht, dich zu Tode zu ersticken. Leider habe ich etwa zur gleichen Zeit die Beziehung zu drei engen Dienstpartnern an diesen bösen Dämon des Stolzes verloren. So stark war der Leviathan-Charakter dieses territorialen Geistes.

Im Laufe der Jahre habe ich gelernt, dass, je größer der Angriff, desto größer die Belohnung ist. Wir beteten und taten Fürbitte diese ganze Zeit hindurch und haben dabei viel gelernt. Wir schafften es trotzdem zur Gebetskonferenz, und unser Dienst hatte große Auswirkungen. Die Sache, die jedoch im Wesentlichen dazu führte, dass ich dieses Buch schreibe, war die Folge einer ungewöhnliche Begegnung mit dem Heiligen Geist, die am letzten Abend nach der Konferenz stattfand.

Ich schlief tief und fest in meinem Zimmer und wurde mitten in der Nacht vom Heiligen Geist geweckt. Er zog mich in einer sehr schönen und zärtlichen Umarmung aus dem Bett. Seine Gegenwart kann man am besten als flüssige Liebe beschreiben, die über mein ganzes Wesen ausgegossen wurde. Bei der Berührung fiel etwas von ihm in mein Herz, und mein Herz wurde plötzlich wiederbelebt. Bis zu diesem Moment war mir nicht bewusst, dass die Hälfte meines Herzens in einer Art emotionalem Tod gestorben war. Der tote Teil von mir wurde auf höchst ungewöhnliche und souveräne Weise wieder zum Leben erweckt. Diese Begegnung war so lebensverändernd, dass ich aus dieser Erfahrung heraus ein gutes Jahr lang anderen Menschen diente, die dann ebenfalls erlebten, dass ihr Herz wiederbelebt wurde.

Warum stirbt dein Herz auf diese Weise? Ich sagte ja, dass mein Herz aufgrund des „Lebens" starb, was ja auch stimmt. Ich sagte, dass ich mein Herz unbewusst abgestumpft hatte, um den Schmerz des Verrats, der Trauer, der Enttäuschung, des Verletzseins und vieles mehr aus dem Leben zu verbannen. Das war auch die Wahrheit. Noch wahrer war das wirklich verrückte und unglaubliche Problem, das sich in meinem Leben auftat, ein Problem, von dem ich nicht gewusst hatte, dass es existierte. Es war so unglaublich, dass ich nicht einmal wusste, wie ich darüber sprechen sollte. Außerdem brauchte ich die ständige Hilfe von Seelsorgern für innere Heilung und Befreiung, von einem professionellen christlichen Traumaberater, vertrauenswürdigen

Freunden und anderen, mit denen ich mich regelmäßig austauschte – etwas, das ich im Verlauf des Buches näher beschreiben werde. Es ging tief, und Teile unseres Herzens sterben nicht ohne Grund ab, aber tote Herzen werden wirklich wieder lebendig.

Ein prophetisches Wort über Wiederherstellung

Einige Jahre bevor meine Erinnerungen zurückkehrten, begann der Heilige Geist mich auf die intensivste persönliche Zeit der inneren Heilung und Befreiung vorzubereiten, die ich je erlebte. Seine Gegenwart kam über mich und ich hatte wiederholt den starken Gedanken, dass mich der Herr durch das folgende prophetische Wort[9] rehabilitierte[10]:

> Rehabilitiert zu werden, heißt, von Schuld oder einem Verdacht freigesprochen zu werden und Recht zu bekommen. Wie du habe ich mit viel zu vielen Enttäuschungen und Ungerechtigkeiten zu tun gehabt. Wie du musste ich diese komplexen Situationen Jesus überlassen und ihm voll und ganz für das Ergebnis vertrauen. Was ich in meinem Herzen hörte, waren seine klaren Pläne, sowohl dir als auch mir seine vollständige Rehabilitierung, Wiederherstellung und (göttliche) Entschädigung zukommen zu lassen.

Als Nächstes bestätigte er mir dies direkt aus der Heiligen Schrift:

> *Der HERR verschafft Gerechtigkeit und Recht allen, die bedrückt werden* (Ps 103,6).

---

[9] In ihrer einfachsten Form ist eine Prophetie eine Mitteilung von Gott, entweder direkt an eine Person oder an eine Person durch eine andere Person. Sie ist eine der neun Gaben des Heiligen Geistes, die in 1. Korinther 12,7-10 aufgeführt sind. Gott teilt sein prophetisches Wort auf verschiedene Weise mit (vgl. Hebr 1,1). Prophetische Worte müssen oft über einen längeren Zeitraum hinweg im Gebet bewegt und immer wieder vor den Herrn gebracht werden, bevor sie in Erfüllung gehen. Um mehr darüber zu erfahren, lies mein Buch *Prophetic Secrets* (Minneapolis: Chosen, 2020).

[10] Jennifer Eivaz, „God Is Bringing: Vindication, Restoration and Recompense!", The Elijah List, 24. August 2017, https://www.elijahlist.com/words/display_word.html?ID=18630.

Wurdest du schon einmal ungerecht behandelt? Hast du das Richtige getan, nur um im Gegenzug das Falsche zu bekommen? Brauchst du eine Wiedergutmachung?

Dann empfange dieses Wort:

1. Er stellt die falschen Dinge richtig.

Du hast lange Zeit auf deinen Durchbruch in dieser Situation und in diesen Beziehungen gewartet. Du hast geweint, gebettelt, vergeben und dich geweigert zu hassen. Du hast gebetet, gefastet, Freundlichkeit gezeigt, obwohl du schlecht behandelt wurdest, und warst entschlossen, ein reines Herz zu bewahren. Er sagt: „Ich bringe falsche Dinge in Ordnung. Ich bringe harte Herzen zum Schmelzen. Sie haben nicht gegen *dich* gekämpft. Sie haben gegen *mich* in dir gekämpft, aber ich werde diesen Kampf gewinnen. Ich werde ihre Herzen erobern und im Gegenzug dir Frieden bringen."

2. Er macht das Krumme gerade.

Es gab einige falsche Wege, falsche Entscheidungen, falsche Einstellungen und falsche Handlungen, die nicht du getan hast, sondern andere. Das waren die betrügerischen Machenschaften, die dir das Herz gebrochen, deinen Frieden gestohlen und dein Leben immer wieder durcheinandergebracht haben. Er sprach zu meinem Herzen: „Ich drehe alles zu deinem Besten um. Ich werde aus den hässlichen und schwierigen Situationen etwas Schönes erschaffen. Ich werde alles geradebiegen, ausgleichen und wieder ins Lot bringen."

3. Er stellt dich wieder her, aber mit einem Ausrufezeichen!

Ich hörte diese Worte: „Wiedereingesetzt und wiederhergestellt!" Wiederherstellen bedeutet: „in den alten Zustand bringen; gesund machen"[11]. Du wirst wieder in deinen ausgezeichneten Zustand gebracht. Du wirst in deinem Rang wiederhergestellt. Dir wird zurückgegeben, was gestohlen wurde. Du wirst so „repariert und renoviert", dass du deinen Zweiflern, Spöttern und Feinden gegenüber ein deutliches Zeichen bist. Du wirst wiederhergestellt. Die Ehre wird dir zurückgegeben.

---

[11] © Duden - Die deutsche Rechtschreibung, 26. Aufl. Berlin 2013.

4. Er zahlt es dir zurück, und zwar doppelt.

Es gibt viele von euch, die dem Herrn gehorcht haben und auch unter Druck nicht abgewichen sind. Du bist bei der Aufgabe geblieben, zu der er dich gerufen hat. Trotzdem wurdest du verfolgt, ungerecht behandelt, entehrt und hast Verluste erlitten. Du hast die Erfahrung eines Josephs [tiefer Verrat], eines Hiobs [Satan hat alles gestohlen] und eines Daniels [fälschlich angeklagt und bestraft] gemacht, und dennoch bist du standhaft geblieben und hast gewartet. Das feste Versprechen des Herrn an dich lautet:[12]

- doppelte Ehre für deine Schande;
- doppelter Besitz für das, was gestohlen wurde;
- eine doppelte Salbung und
- doppelt so viel wie vorher.[13]

Die Bibel berichtet über Hiob, der *„... größer war als alle Söhne des Ostens"* (Hiob 1,3b). Er war untadelig, aufrichtig und fürchtete den Herrn. Er war wohlhabend und von Gott gesegnet. Und dann, an einem Tag, verlor er alles, einschließlich seiner zehn Kinder. Auch das waren keine natürlichen Umstände. Hiob befand sich in einem geistlichen Kampf. Satan konkurrierte mit Gott um die Loyalität von Hiobs Herz, aber Gott war zuversichtlich, dass Hiob ihm treu bleiben würde, und genau das geschah auch. Hiob verfluchte den Herrn in seiner schrecklichen Bedrängnis nicht und blieb ihm treu. Wie hat Gott es Hiob vergolten? Er gab ihm doppelt so viel wie zuvor (vgl. Hiob 42,10). Außerdem bekam Hiob zehn weitere Kinder.

Ich will damit sagen, dass der Herr die Gläubigen nicht vergisst. *„Den Gläubigen gibt er doppelten Lohn. Er wird für dich einen Tisch vor deinen Feinden bereiten. Er wird dir Geltung verschaffen und dir alles zurückerstatten, sogar doppelt!"*[14] Du wirst ein Erbe haben, das du an die nächste Generation weitergeben kannst.

---

[12] Vgl. auch Jennifer Eivaz, „Prophetic Word for 2019: It's the Year of the Big Door" („Prophetisches Wort für 2019: Es ist das Jahr der großen Tür"), 7. Januar 2019, https://www.jennifereivaz.com/2019/01.

[13] Vgl. Jesaja 61,7; 2. Mose 22,4; 2. Könige 2,9.

[14] Eivaz, „God Is Bringing".

Mein Gebet für dich

Himmlischer Vater, im Namen Jesu bitte ich dich, dass du an den Herzen der Menschen, die dieses Buch lesen, wirkst und sie vorbereitest. Sie haben eine Herzensreise vor sich, die sie nicht ohne deine Liebe und deine Worte der Ermutigung bei jedem Schritt gehen können. Lass dieses Buch ein Licht in der Dunkelheit und ein Wegweiser an den schwierigen Stellen sein. Lass mein Zeugnis der Freiheit eine Prophetie für diese lieben Menschen sein, dass du treu bist und es auch in ihnen tun wirst. In Jesu Namen, Amen.

Reich-Gottes-Gedanken

1. Geistliche Erbschaften und Generationssegnungen werden von Satan und seinen Dämonen stark angefochten.
2. Egal, wie hässlich deine Kämpfe waren, Gott spricht weiterhin ein gutes Wort über dich aus.
3. Gott wird dich wiederherstellen und dir alles zurückerstatten. Er wird dir das Doppelte zurückzahlen.
4. Je größer der Angriff, desto größer die Belohnung. Der Herr vergisst die Gläubigen nicht.
5. Tote Herzen erwachen wirklich wieder zum Leben.

Reich-Gottes-Fragen

1. Gab es in deiner Familie schwere Kämpfe? Wie sahen diese Kämpfe aus?
2. Hast du schon einmal darüber nachgedacht, dass die Kämpfe in deiner Familie dämonische Kämpfe waren bzw. sind, um geistliches Erbe zu stehlen? Weißt du, wie dieses Erbe aussieht?
3. Wie hast du die Rehabilitierung durch den Herrn in deinem Leben erfahren? Brauchst du noch mehr davon?
4. Hat sich dein Herz abgeschaltet, um den Schmerz auszublenden?

5. Welche Emotionen erlebst du, nachdem du dieses Kapitel gelesen hast? Wie kannst du sie zum Ausdruck bringen (z. B. indem du mit einer Person deines Vertrauens sprichst oder ein Tagebuch führst)?

Kapitel 3

Herzen aus Stein

Eines frühen Morgens beobachtete ich mit Schrecken, wie eine kleine Maus über den Boden huschte, während ich am Küchentisch saß und eine Tasse Kaffee trank. Später fand ich heraus, dass meine wesentlich jüngere Halbschwester eine Maus als Haustier „adoptiert" und versäumt hatte, es der Familie mitzuteilen. Sie hatte sie in ihrem Schlafzimmer versteckt, und sie war entkommen. Als ich sie sah, reagierte ich sofort und emotional. Instinktiv, ohne nachzudenken, zog ich meine Füße vom Boden hoch auf die Sitzfläche des Stuhls, um mich zu schützen. Meine Reaktion machte wenig Sinn. Was genau hatte die Maus mit mir vor? Würde sie sich umdrehen und in einem Wutanfall über meine Füße herfallen? Nein, natürlich nicht.

Einige medizinische und psychologische Experten sind der Meinung, dass wir zwei oder mehr Gehirne haben: unser Verstandesgehirn, ein Herzgehirn und laut manchen auch noch ein Bauchgehirn.[1] Ohne zu wissenschaftlich zu werden, haben die meisten von uns wohl schon einmal den Kontrast zwischen unseren rationalen, logischen Gedanken und unseren grundlegenden Gefühlen, Überzeugungen und Emotionen in uns bemerkt.

Als ich in der Küche saß, hatten meine Gefühle das Sagen, und ein kindlicher Glaube, der in meinem Herzen noch aktiv war, kam an die Oberfläche, nämlich dass Mäuse unheimlich und gefährlich sind.

[1] „Science of the Heart: Exploring the Role of the Heart in Human Performance", HeartMath Institute, https://www.heartmath.org/research/science-of-the-heart/heart-brain-communication/; „The Brain-Gut Connection", *Johns Hopkins Medicine,* https://www.hopkinsmedicine.org/health/wellness-and-prevention/the-brain-gut-connection

Aber nach ein paar Minuten schaltete sich meine Erwachsenen-Logik ein und meldete meinem Herzen das Offensichtliche zurück. *Halloooo! Weißt du nicht, dass das eine kleine, harmlose Maus ist?* Mein aktives Gehirn gab dann dem Rest von mir eine Anweisung: *Stell deine Füße wieder auf den Boden und hol eine Mausefalle.* Und genau das habe ich getan.

In der Bibel heißt es: *„Mehr als alles hüte dein Herz, denn aus ihm strömt das Leben"* (Spr 4,23 NeÜ). In einer anderen Version heißt es: *„Vor allem aber behüte dein Herz, denn dein Herz beeinflusst dein ganzes Leben"* (NLB). Kurz gesagt: Was immer du tief in deinem Herzen glaubst, kommt irgendwann an die Oberfläche – im Guten wie im Schlechten. Mein Mann drückt diese universelle Wahrheit folgendermaßen aus: „Mein Herz bestimmt die Grenzen und die Parameter meines Lebens." Vielleicht möchtest du dir einen Moment Zeit nehmen und das laut aussprechen: „Was immer ich in meinem Herzen glaube, bestimmt, wie mein Leben verlaufen wird."

Das Herz als Zentrum

Wenn ich über das Herz spreche, meine ich nicht das Herz als lebenswichtiges Organ, einen Muskel, der das Blut durch den Körper pumpt. Ich spreche auch nicht von Romantik oder romantischer Liebe. In der Bibel wird das menschliche Herz je nach Bibelübersetzung etwa acht- oder neunhundertmal erwähnt. Das *Vines Expository Dictionary of New Testament Words* definiert das Herz als „die gesamte geistige und moralische Aktivität des Menschen, sowohl die rationalen als auch die emotionalen Elemente". Mit anderen Worten: Das Wort *Herz* wird im übertragenen Sinn für die verborgenen Quellen des persönlichen Lebens verwendet."[2] *Easton's Bible Dictionary* definiert es als „das Zentrum der geistlichen Aktivität", „das Domizil des persönlichen Lebens" und „der Sitz des Gewissens".[3]

---

[2] „G2588 – kardia", *Vine's Expository Dictionary of New Testament Words*, Blue Letter Bible, https://www.blueletterbible.org/search/dictionary/viewtopic.cfm?topic=VT0001335

[3] „Heart", *Easton's Bible Dictionary*, Blue Letter Bible, https://www.blueletterbible.org/search/dictionary/viewtopic.cfm?topic=ET0001699

Wir haben alle möglichen fixen Überzeugungen in unserem Herzen versteckt, die auf Dinge, die uns im Alltag begegnen, reagieren und mitschwingen. Sie treffen oft die erste Entscheidung für uns, ohne unseren Verstand zu befragen. Hast du schon einmal erforscht, woher deine Vorlieben und Abneigungen, Ängste, Schuld- oder Schamgefühle, Reaktionen, Obsessionen und dergleichen kommen? Wir alle haben diese verborgenen Prägungen, die unseren Handlungen und Aktivitäten zugrunde liegen. Diese nicht-rationalen Überzeugungen können manchmal jahrelang aktiv, aber verborgen bleiben, bis etwas sie an die Oberfläche bringt.

Eine Frau in einer meiner Online-Mentoring-Gruppen erzählte, sie sei der Gruppe ganz bewusst beigetreten, um gezielt persönlich zu wachsen. Dann gestand sie mir, dass sie im Zusammenhang mit unserer Gruppe fast augenblicklich Schwierigkeiten hatte und sich sabotierte. Als Antwort auf ihren Beitrag fragte ich: „Gibt es einen bestimmten Gedanken oder ein bestimmtes Gefühl hinter deinen negativen Reaktionen?" Ihre Antwort lautete kurz gefasst so: „In mir passiert eine Menge, mit dem ich nicht umgehen kann. Es schüchtert mich ein, es überhaupt anzuschauen." Ihr Verstand wies sie an, etwas Konstruktives zu tun, aber ihr Herz war noch nicht damit einverstanden.

Das kann einen manchmal ganz schön verrückt machen, weil man in seinem Verstand eine Realität wahrnimmt, in seinem Herzen aber anders reagiert. Und wenn unser Herz verwundet ist und sich tief in unserem Inneren Überzeugungen gebildet haben, die nicht von Gott kommen, ertappst du dich dabei, dass du Dinge tust, die du eigentlich nicht tun willst.

Wenn du tust, was du hasst

Der Apostel Paulus gestand: *„Ich verstehe ja selbst nicht, was ich tue. Denn ich tue nicht das, was ich will, sondern gerade das, was ich hasse"* (Röm 7,15 NeÜ). Hast du dich jemals so gefühlt wie der Apostel Paulus? Vielleicht lese ich da etwas hinein, aber beachte, dass Paulus hier nicht im Detail beschrieb, was für sein Empfinden von Recht und Unrecht verwerflich war. Ich habe mich oft gefragt, ob er sein Verhalten nicht erwähnte, weil es sein apostolisches Amt stark verunglimpft hätte. Auf jeden Fall hatte er in sich selbst ein Sündenmuster beobachtet, das er nicht immer kontrollieren konnte, ein Muster, das zu seiner eindringlichen Ermahnung führte, im Geist zu wandeln, um dem Wandel im Fleisch entgegenzuwirken. Paulus fuhr fort: *„Vor dem Gericht Gottes gibt es also keine Verurteilung mehr für die, die mit Jesus Christus verbunden sind“* (Röm 8,1 GNB).

König David erlebte etwas Ähnliches. Nach seiner ehebrecherischen Affäre mit Bathseba, die zu ihrer Schwangerschaft führte, bereute er seine Tat. Dann verschlimmerte er die Sache noch, indem er den Mord an ihrem Ehemann inszenierte. Was David glaubte, vertuschen zu können, wurde ihm vom Propheten Nathan prophetisch vor Augen geführt. Außerdem wurde ihr kleiner Sohn todkrank, und Davids Gebete für das Leben seines Sohnes wurden ignoriert. Was dachte David, als er all das tat? Vielleicht hat er überhaupt nicht nachgedacht. Meiner Einschätzung nach ließ sich David unkontrolliert von seinem eigenen Herzen leiten und lenken. Er wusste, was richtig und was falsch war, aber er tat trotzdem das Undenkbare. Und warum?

In Psalm 51,3-4 lesen wir Davids aufrichtige Antwort auf die Zurechtweisung des Herrn. Er bat den Herrn zunächst um seine Barmherzigkeit und dann darum, von seinen Übertretungen, seiner Ungerechtigkeit und seinen Sünden reingewaschen zu werden: *„O Gott, sei mir gnädig nach deiner Güte; tilge meine Übertretungen nach deiner großen Barmherzigkeit! Wasche mich völlig rein von meiner Schuld und reinige mich von meiner Sünde“* (SLT). Beachte die drei Worte, die in diesem Psalm verwendet werden: *Übertretung*, *Schuld* (bzw. *Ungerechtigkeit*) und *Sünde*. Sie sind ähnlich, haben aber unterschiedliche Bedeutungen.[4] Sündigen bedeutet, das Ziel zu verfehlen, z. B. ein Stoppschild zu überfahren und dies im Eifer des Gefechts zu tun. Eine Übertretung ist das Überschreiten einer Grenze, z. B. das Betreten des Grundstücks eines anderen ohne dessen Erlaubnis. Ungerechtigkeit ist auch Sünde, aber eine Sünde, die vorsätzlich und mit Absicht begangen wird. Ungerechtigkeit ist eine sehr ernste Sache, denn sie kann sich durch deine Blutlinie fortpflanzen.

---

[4] „What Is the Difference between Iniquity, Sin, and Transgression?“, Got Questions, https://www.gotquestions.org/iniquity-sin-transgression.html.

Mit anderen Worten: Die Ungerechtigkeit, die du gegen den Herrn begehst, wird sich bei deinen Kindern und Kindeskindern als Veranlagung bemerkbar machen.[5] David brachte seine familiäre Ungerechtigkeit, seine Veranlagung, vor den Herrn und sagte: *„Siehe, in Schuld bin ich geboren, und in Sünde hat mich meine Mutter empfangen."* (Ps 51,7). Viele Theologen vermuten, dass David durch eine ehebrecherische Affäre gezeugt wurde.[6] Sein Vater und seine Mutter begingen Ehebruch, was zu seiner Zeugung führte, und auch David beging Ehebruch.

David erkannte, dass in seinem eigenen Herzen etwas zutiefst falsch war und bat den Herrn um ein schöpferisches Werk. Sein verzweifeltes Flehen lautete so: *„Schaffe in mir, Gott, ein reines Herz und gib mir einen neuen, beständigen Geist"* (Ps 51,10 LUT). Einfach ausgedrückt: David hatte nicht das Herz, um aufrichtig zu leben. Kommentatoren haben geschrieben: „... das Wort ברא (berâ'), das mit ‚schaffen' wiedergegeben wird", wird verwendet, um „die schöpferische Tätigkeit Gottes zu beschreiben, etwas ins Leben zu rufen, was vorher nicht existierte ... Er will nicht die Wiederherstellung dessen, was vorher da war, sondern eine radikale Veränderung von Herz und Geist."[7] Dieses hebräische Wort für „schaffen" deutet auch darauf hin, dass etwas mit einem Messer geschnitten, geformt und gestaltet

---

[5] *Du sollst dich vor ihnen nicht niederwerfen und ihnen nicht dienen. Denn ich, der HERR, dein Gott, bin ein eifersüchtiger Gott, der die Schuld der Väter heimsucht an den Kindern und an der dritten und vierten Generation von denen, die mich hassen* (5. Mose 5,9). Weitere Hinweise sind 2. Mose 20,5; 2. Mose 34,7 und 3. Mose 14,18.

[6] „Does the Bible Mention David's Mother?", Got Questions, https://www.gotquestions.org/David-mother.html:
Nahasch war ein ammonitischer König (1 Sam 11,1). Spekulationen legen nahe, dass Davids Mutter mit Nahasch verheiratet war, als sie die Halbschwestern gebar und dann später die zweite Frau von Isai wurde. Weitere Spekulationen besagen, dass Davids Mutter noch nicht mit Isai verheiratet war, als sie schwanger wurde – vielleicht war sie noch mit Nahasch verheiratet, als sie David empfing.

[7] „David's Cry for Purity", *MacLaren's Expositions*, Bible Hub, https://biblehub.com/commentaries/psalms/51-10.htm;
„Psalm 51:10", *Cambridge Bible for Schools and Colleges*, Bible Hub, https://biblehub.com/commentaries/psalms/51-10.htm

wird.[8] Wenn du schon einmal das „chirurgische Messer“ des Heiligen Geistes erlebt hast, eine übernatürliche Erfahrung, bei der er dein Herz umgestaltet und neu erschafft, damit du Jesus ähnlicher wirst, dann kannst du all diese Beschreibungen nachvollziehen.[9]

Mit wem identifizierst du dich mehr?

Wenn ich mir die Geschichte von König Davids Scheitern anschaue, glaube ich, dass David immer noch Probleme mit seiner Identität hatte. War er (im Grunde seiner Überzeugungen) ein Sohn von Jesse? Oder war er ein Sohn Gottes? War er ein übersehener Hirtenjunge, der von seinen Eltern abgelehnt und von seinen Brüdern verachtet wurde?[10] Oder war er Gottes auserwählter Kriegerkönig und von ihm dazu auserkoren, die große Nation Israel zu führen? Um gut zu führen und seine Sache gut zu Ende bringen zu können, war es erforderlich, dass David sich viel stärker als Gottes Kriegerkönig und geliebter Sohn Gottes identifizierte denn als verworfener Sohn Isais.

Wir alle wollen uns mit unserer Herkunftsfamilie identifizieren. Sie ist ein vertrauter Ort, und in der Vertrautheit liegt eine gewisse Sicherheit, selbst wenn unsere Herkunftsfamilie ungesund ist. Könnte das der Grund sein, warum Gott Abram, einen Mann, der dazu bestimmt war, der „Vater des Glaubens“ [11] zu werden, dazu berief, zuerst seine Familie und sein Land zu verlassen? *„Und der HERR sprach zu Abram: Geh aus deinem Land und aus deiner Verwandtschaft und aus dem Haus deines Vaters in das Land, das ich dir zeigen werde!“* (1 Mose 12,1). Wären die Segnungen, die folgen sollten, verloren gegangen, wenn er sich entschieden hätte, sich nicht vom Vertrauten zu lösen, um sich in seiner neuen Identität in Gott neu zu

---

[8] „1254. bara'“, *Brown-Driver-Briggs*, Bible Hub, https://biblehub.com/hebrew/1254.htm

[9] *Als sie aber das hörten, drang es ihnen durchs Herz ...* (Apg 2,37).

[10] Vgl. Ps 27,10; 1 Sam 17,28-29.

[11] *Deshalb muss die Gerechtigkeit durch den Glauben kommen, damit sie aus Gnaden sei und die Verheißung festbleibe für alle Nachkommen, nicht allein für die, die aus dem Gesetz leben, sondern auch für die, die aus Abrahams Glauben leben. Der ist unser aller Vater* (Röm 4,16 LUT).

orientieren? *„Und ich will dich zu einer großen Nation machen, und ich will dich segnen, und ich will deinen Namen groß machen, und du sollst ein Segen sein! Und ich will segnen, die dich segnen, und wer dir flucht, den werde ich verfluchen; und in dir sollen gesegnet werden alle Geschlechter der Erde!"* (Verse 2-3).

Genetische Abstammungstests sind ein beliebter Weg, um herauszufinden, welche Ethnien unsere Blutlinie ausmachen. Viele finden ein noch größeres Identitätsgefühl, wenn sie wissen, dass sie zu 45 Prozent arabisch, zu 32 Prozent italienisch, zu 8 Prozent rumänisch, zu einem Hauch russisch und mehr sind. Das ist natürlich eine fiktive ethnische Zusammensetzung, aber wenn du das wärst, würdest du versuchen, deine Macken und persönlichen Veranlagungen einer dieser Nationalitäten zuzuordnen? Die meisten von uns würden das natürlich tun. Ich kenne eine Frau, die einen genetischen Abstammungstest gemacht hat und berichtete, dass sie einer alten Herrscherfamilie irgendwo in Europa zugeordnet wurde. Das hat sie mir gegenüber mehr als einmal erwähnt, und zwar mit einer gewissen Freude. Ihre leibliche Familie war eine Quelle der Scham und des Schmerzes für sie, aber ihr Ahnentest offenbarte etwas viel Besseres. Ich glaube, das hat ihr geholfen, ihre natürliche Identität in etwas Positives umzuwandeln.

Die beste Nachricht ist, dass wir in Christus alle zu Königen gemacht wurden und eine neue Blutlinie bekommen haben: *„Dem, der uns liebt und uns von unseren Sünden erlöst hat durch sein Blut und uns gemacht hat zu einem Königtum, zu Priestern seinem Gott und Vater: Ihm sei die Herrlichkeit und die Macht von Ewigkeit zu Ewigkeit! Amen"* (Offb 1,5-6). Hier kommt es noch einmal: *„Du hast sie für Gott zu einem Königreich und zu seinen Priestern gemacht. Und sie werden auf der Erde regieren"* (Offb 5,10 NLB). Lass diese Wahrheit der königlichen Identität tief in dir Wurzeln schlagen. Ich bete dafür, dass du beim Lesen eine Veränderung spürst und Gottes Worte in die Tiefen deines Herzens eindringen. Du bist von Gott zum König und Priester gemacht worden, eine Identität, die dein ganzes Wesen neu ausrichtet.

Wenn wir diese Wahrheit vernachlässigen oder uns nicht mit ihr identifizieren, verfallen wir in unsere altbekannten Herzensmuster und sündigen Verhaltensweisen. Ich glaube, König David hat genau das getan. Während der Zeit, in der die Könige in den Krieg zogen, blieb David aus einem unbekannten Grund zurück und schickte stattdessen seinen Feldherrn Joab.[12] David tat nicht das, was Könige normalerweise taten, und in dieser Zeit fand David Batseba und wiederholte das Familienlaster.

Im Leben des Apostels Petrus sehen wir ein weiteres Rückfallmuster. Nachdem er dreimal geleugnet hatte, Christus zu kennen, kehrte Petrus zu seinem vertrauten Beruf als Fischer zurück, den er ausübte, bevor er als Jünger berufen wurde (vgl. Joh 21). Erinnere dich daran, dass Jesus ihn ausdrücklich als „Menschenfischer" und nicht als Fischer bezeichnete, aber er kehrte trotzdem zu seiner vertrauten Identität zurück und nicht zu seiner von Gott gegebenen.[13] Kannst du dich mit diesem Muster identifizieren? Bist auch du jemals in deine alte, unerlöste Identität und ihre vertrauten, sündigen Wege zurückgefallen?

Ein junger Mann mit einer erstaunlichen Begabung zu fotografieren erzählte, er sei wirklich gerettet, mit Wasser getauft und im Heiligen Geist getauft worden. Doch dann war er von „lieblosen und heuchlerischen Kirchenleitern" desillusioniert. Er fiel von Jesus und seiner Gemeinde ab und tat wieder, was er wollte. „Satan hat sich meiner fotografischen Gabe bemächtigt, und ich habe angefangen, höchst unangemessene Bilder zu machen", sagte er. „Aber dann kam die Furcht des Herrn in mein Leben und ich begann, auf ihn einzugehen." Eines Nachts sah er in einer starken Trance die Pläne Satans, seinen von Gott gegebenen Dienst zu kapern. Daraufhin löste er sich vollständig von allen Aspekten seines unreinen Lebensstils. „Ich bin mir jetzt sehr bewusst, was Gott mit meinem Leben vorhat", fügte er hinzu. „Ich habe seitdem nicht mehr zurückgeblickt und bin so dankbar, dass das alles passiert ist, bevor es zu spät war."

---

[12] *Im nächsten Frühjahr, zu der Zeit, in der die Könige in den Krieg ziehen, schickte David Joab mit seinen Männern und dem ganzen Heer Israels in den Kampf gegen die Ammoniter. Sie verwüsteten das Land und belagerten die Stadt Rabba. David blieb jedoch in Jerusalem zurück* (2 Sam 11,1 NLB).

[13] *Als nun Jesus am Galiläischen Meer entlangging, sah er zwei Brüder, Simon, der Petrus genannt wird, und Andreas, seinen Bruder; die warfen ihre Netze ins Meer; denn sie waren Fischer* (Mt 4,18-19 LUT).

Im Dienst und herzkrank

Bei manchen hat das Herz mit seinen verborgenen Überzeugungen jahrelang leise vor sich hin geflüstert, bis es sich schließlich erhob und sie ruinierte. Sie taten, was sie nicht tun wollten, und erreichten einen Punkt, an dem sie ihr untypisch destruktives und gewohnheitsmäßiges Verhalten nicht mehr stoppen konnten. Jesus sagte: *„Denn aus dem Herzen kommen hervor böse Gedanken: Mord, Ehebruch, Unzucht, Diebstahl, falsche Zeugnisse, Lästerungen; diese Dinge sind es, die den Menschen verunreinigen"* (Mt 15,19-20). Niemand, der bei klarem Verstand ist, vor allem nicht, wenn er im öffentlichen Dienst steht, will so versagen. Wie König David gezeigt hat, passieren solche Dinge dem kranken und ungeschützten Herzen.

Ich erinnere mich an die Frau eines Pastors, die eine Affäre mit einem viel jüngeren Mann in der Gemeinde hatte; eine andere hatte eine Affäre mit einem Ehepaar in ihrer Gemeinde, sowohl mit dem Mann als auch mit der Frau, und wollte sie nicht beenden; andere verfielen der Homosexualität und noch eine andere, fast Vierzigjährige verließ ihren Mann, einen Anbetungspastor, für einen, der gerade mal achtzehn war. All diese Frauen sprachen in Zungen und prophezeiten, und das ist nur ein Bruchteil der Geschichten, die ich dir erzählen könnte. Ihr kollektives Verhalten ist entsetzlich, verheerend und schwer zu akzeptieren. Angesichts solcher Geschichten ist es leicht, Gottes Gemeinde als voller Sünde und dämonisierter Menschen und Leiter zu verurteilen. Das mag stimmen, aber hinter diesem Problem stecken christliche Leiter und an Christus Gläubige, die von Herzen krank sind und eine neue Art von Herzensrevolution brauchen.

Ich habe dieses Muster der Fehltritte im Dienst salopp als „Pastorenfrau-Syndrom" bezeichnet. Im Allgemeinen trifft es auf die Ehefrau eines Pastors zu, die gesalbt und prophetisch ist und sich perfekt präsentiert – zumindest bis zu ihrem vierzigsten Geburtstag. Um diese Zeit herum kommt es zu einer Veränderung – nicht wirklich in ihr selbst, aber gegenüber den Menschen um sie herum. Sie hört auf, eine Rolle zu spielen und etwas vorzutäuschen – etwas, das sie jahrelang innerlich einstudiert hat. Typischerweise geht sie zurück ins

Fitnessstudio und fängt an, Dinge wie CrossFit[14] zu machen oder für Langstreckenläufe zu trainieren. Äußerlich scheint ihre Entscheidung in Ordnung zu sein, aber unterschwellig schwingt ein Hauch von Zorn und Unabhängigkeit mit. Dann nimmt sie einen weltlichen Job an oder gründet unter dem Beifall vieler ein Unternehmen; das wahre Motiv ist allerdings ein versteckter Drang nach Unabhängigkeit. Einst war sie von Jesus in die Gemeinde und in den Dienst an der Seite ihres Mannes berufen worden. Irgendwann auf ihrem Weg vergaß sie jedoch ihre von Gott gegebene Identität und verlor den Mut, ihrer Berufung weiter zu folgen.

Ehe du dich versiehst, hat sie die Scheidung von ihrem Mann, dem Pastor, eingereicht, weil er „kontrollierend" ist. Sie taucht auch mit einem Freund auf, aber nicht unbedingt in dieser Reihenfolge. Auch ihre Posts in den sozialen Medien werden immer weniger „jesusmäßig", und bald hört sie ganz auf, Jesus und seiner Gemeinde zu dienen. Wir kratzen uns verwundert am Kopf und sind entweder traurig oder kritisch ihr gegenüber oder beides. Indem sie ihren wahren Herzenszustand verbirgt, entzieht sie sich jeder echten Verantwortung. Niemand kann sagen, dass er sie wirklich kannte, und sie verschwindet einfach aus unseren Augen.

Ich habe gelernt, dass Ehefrauen von geistlichen Leitern in der Gemeinde allgemein dafür bekannt sind, ihre Rolle zu spielen, ohne sich um ihr eigenes Herz zu kümmern. Um ihren wahren Schmerz, ihren Zorn und ihre Enttäuschung zu verbergen, sind viele von ihnen geschickt darin, so zu tun, als seien sie mit den Menschen verbunden, während sie gleichzeitig völlig unbeteiligt sind. In diesem Zustand spalten sich ihre Herzen langsam zwischen ihrer inneren, kranken Realität und ihrer äußeren Präsentation im Dienst. Die Wahrheit ist, dass ein gespaltenes und krankes Herz nicht in der Lage ist, einen übernatürlichen Dienst auszuüben, ohne dass es zu einem Zusammenbruch kommt. Wenn nicht eingegriffen wird, führen dieses Muster und

---

[14] CrossFit ist ein Kraft- und Konditionierungsprogramm mit einer Fitnesstrainingsmethode, die von dem gleichnamigen US-amerikanischen Unternehmen vertrieben wird und unter anderem Gewichtheben, Sprinten, Eigengewichtsübungen sowie Turnen miteinander verbindet (Wikipedia 22.02.2023).

dieses Syndrom zu toxischen Gewohnheiten oder Entgleisungen der schlimmsten Art. Es ist eine unvermeidliche Kollision.

Hätte ich die selbstzerstörerischen Gewohnheiten von Pastorenfrauen nur ein paar Mal gesehen, würde ich nicht über dieses Dilemma schreiben. Leider habe ich beobachtet, wie mehrere Frauen im Dienst den meisten, wenn nicht sogar allen, dieser Degenerationsmuster folgten. War es der Teufel, der sie angriff? War es ein geistlicher Kampf? Ich bin mir sicher, dass Satan jede Gelegenheit nutzt, um Pastoren und deren Familien zu zerstören. Es hat auch damit zu tun, dass sie ein zentrales Prinzip und Thema der Bibel übersehen haben – die Anweisung, dass wir auf unser Herz achten sollen. Perfekt auftretende Frauen, vor allem die Kirchenchristen, verbergen fast immer ihren wahren Herzenszustand. Normalerweise implodieren oder explodieren sie irgendwann und tun oft Dinge, von denen wir nie gedacht hätten, dass sie sie tun würden.

Ich habe auch viele christliche Frauen und Ehefrauen im Dienst kennengelernt, die ihre Herzkrankheit hinter toxischen Bewältigungsstrategien versteckt haben. Sie sind mit falschem Lächeln und Notlügen bewaffnet, heimlich alkoholabhängig, kämpfen mit Bulimie[15] oder Anorexie (und nennen es „Fasten“), schneiden sich manchmal, um den Schmerz umzulenken,[16] nehmen ständig Antidepressiva und verschreibungspflichtige Schmerzmittel und tun so ziemlich alles, um alles zu betäuben.

Ein christlicher Arzt, bestätigte mir, was ich bei anderen erlebt habe. Er antwortete aus seiner langjährigen Erfahrung heraus: „Wenn ihre Ehemänner und Gemeindemitglieder nur wüssten …“ Dann erwähnte er, er habe wiederholt die Erfahrung gemacht und beobachtet, dass Frauen im Dienst süchtig waren. „Ich habe beobachtet, wie sie leichtgläubige Menschen in ihren Gemeinden angesprochen und auf

---

[15] Margot Rittenhouse, MS, LPC, NCC, „What Is Bulimia: Symptoms, Complications and Causes“, Eating Disorder Hope, June 30, 2020, https://www.eatingdisorderhope.com/information/bulimia.

[16] Jennifer Chesak, „Understanding Why People Cut Themselves, Hide It, and How to Help“, Healthline, 17. Oktober 2017, https://www.healthline.com/health/mental-health/why-do-people-cut-themselves#support.

raffinierte Weise verschreibungspflichtige Schmerzmittel von ihnen ergaunert haben. Wenn sie ihren Gemeindemitgliedern keine Pillen mehr entlocken konnten, kamen sie mit Forderungen zu mir, sogar bis zu dem Punkt, an dem sie schrien, fluchten und das wildeste manipulative Verhalten an den Tag legten, das man sich vorstellen kann."

Sucht verwandelt gute Menschen in Verrückte, sogar die nach außen hin gutaussehenden Frauen im christlichen Dienst. Mach dir klar, dass diese Verhaltensweisen, so beunruhigend sie auch erscheinen mögen, die giftigen Früchte von tiefsitzenden Wurzeln sind und nicht die Wurzeln selbst. Sie existieren, weil etwas in unserem Herzen zutiefst krank ist. Es gibt eine Ansammlung von grundlegenden Lügen, kindlicher Wut, ungelösten emotionalen Wunden, komplexen Traumata, tiefer Scham, tonnenweise Schmerz und vielem, vielem mehr. Wurzeln, die schlechte Früchte tragen, müssen entwurzelt werden. Die gute Nachricht ist, dass uns in Christus vollkommene Freiheit versprochen ist, aber unsere Freiheit beginnt damit, dass wir unsere Identität in ihm erkennen.

Eine Axt an die Wurzel legen

Johannes der Täufer sprach zu den unbußfertigen Pharisäern und forderte sie auf, *„Früchte zu bringen, die der Buße würdig sind"* und aufzuhören zu behaupten, Abraham sei ihr Vater, da sie nicht wie er handelten (vgl. Mt 3,8). Biblische Buße bedeutet, sich von etwas abzuwenden und zu Gott zurückzukehren. Es bedeutet auch, seine Meinung zu ändern.[17] Dann sagte er: *„Schon ist aber die Axt an die Wurzel der Bäume gelegt; jeder Baum nun, der nicht gute Frucht bringt, wird abgehauen und ins Feuer geworfen"* (Vers 10). Johannes zeigt

[17] „Repentance", Baker's Evangelical Dictionary of Biblical Theology, Bible Study Tools, https://www.biblestudytools.com/dictionary/repentance/:
Der häufigste Begriff im Alten Testament für Buße ist *sub;* die verbalen Formen kommen weit über 1050-mal vor, obwohl sie nur 13-mal mit „Buße tun" übersetzt werden, und das Substantiv „Buße" kommt nur einmal in der New International Version vor. Häufiger ist die Übersetzung „umkehren" oder „zurückkehren" ... Im Neuen Testament ist der Schlüsselbegriff für Umkehr metanoia [metavnoia]. Er hat zwei übliche Bedeutungen: „Sinneswandel" und „Reue".

uns genau, wie wir Sünde und die Auswirkungen der Sünde anderer in unserem Leben erkennen und wie wir sie loswerden können. Schlechte Frucht, also sündige Einstellungen und Gewohnheiten, resultiert immer aus schlechten Wurzeln. Einige Beispiele für schlechte Wurzeln sind Gekränktsein, Bitterkeit, Eifersucht, Begehrlichkeit, Angst, Stolz, Wut, Lust usw. Um das besser zu verstehen, müssen wir die schlechten Früchte mit den guten Früchten des Heiligen Geistes vergleichen: *„Liebe, Freude, Friede, Geduld, Freundlichkeit, Güte, Treue, Sanftmut, Selbstbeherrschung"* (Galater 5,22-23). Immer wenn wir schlechte Frucht zeigen, werden wir ermahnt, uns auf die Suche nach der Wurzel zu machen und herauszufinden, wie sie dorthin gekommen ist. Wenn wir das verstanden haben, können wir uns für den Prozess der Umkehr entscheiden und uns auf den Weg machen, die Axt daran zu legen.

Manche Wurzeln sind leichter zu erkennen und aufzulösen als andere. Ich hatte zum Beispiel gemerkt, dass ich einer Frau aus dem Weg ging, weil ich mich über ihre Mutter ärgerte. Ich hatte der Mutter das Leid, das sie mir zugefügt hatte, noch nicht ganz vergeben und hielt es ihrer Tochter unbewusst vor. In meinem Herzen gab es einen Glauben, einen „inneren Schwur", der so lautete: *Wie die Mutter, so die Tochter!* Dieser Glaube, gepaart mit meiner Unversöhnlichkeit, war die Ursache dessen, dass ich jemand mied und ablehnte. Es dauerte nicht lange, bis ich das herausfand, aber ich musste es trotzdem in Ordnung bringen.

Jesus erzählte die Geschichte von dem König, der einem Knecht die großen Schulden vergab, aber im Gegenzug vergab der Knecht einem anderen eine viel kleinere Schuld nicht. Als der König das hörte, wurde er zornig und *„überlieferte ihn den Folterknechten, bis er alles bezahlt habe, was er ihm schuldig war"* (Mt 18,34). Dies ist eine ernste Warnung an uns, anderen zu vergeben, wenn wir wollen, dass uns vergeben wird und wir nicht gequält werden. Als ich erkannte, was ich tat, vergab ich der Frau, die mich beleidigt hatte, und hörte auf, ihre Tochter zu meiden.

Andere Wurzeln sind viel schwieriger zu erkennen. Wir bemerken das Muster der schlechten Früchte, können aber die Wurzel nicht finden, weil sie zu tief vergraben ist. Ich habe irgendwo in Australien eine Frau mittleren Alters, die sich für Gebet angestellt hatte, seelsorgerlich beraten. Sie bat um Gebet für ihre schwierige Ehe. Ich stellte ihr ein paar Fragen, und sie erklärte: „Das ist meine dritte Ehe, und sie geht in die gleiche Richtung wie die anderen.“ Als sie das sagte, wusste ich, was die Ursache war. Dann fragte ich sie nach ihrem irdischen Vater, eine Beziehung, die sie als „schrecklich und extrem hart“ beschrieb. Daraufhin wies ich sie auf ein paar Bibelstellen hin: *„Ehre deinen Vater und deine Mutter: Das ist ein Hauptgebot mit einer Verheißung: damit es dir wohl ergehe und du lange lebst auf der Erde“* (Eph 6,2-3 REÜ) und: *„Richtet nicht, damit ihr nicht gerichtet werdet! Denn mit welchem Gericht ihr richtet, werdet ihr gerichtet werden, und mit welchem Maß ihr messt, wird euch zugemessen werden“* (Mt 7,1-2). Ich sagte: „Dein ganzes Leben ist eine Wiederholung, weil du deinen Vater hasst. Du wiederholst diese ‚schreckliche und extrem harte‘ Beziehung bei jedem Mann, den du heiratest.“ Sie warf mir einen dieser Blicke zu, wie es Menschen machen, wenn sie zum ersten Mal die Wahrheit über ihr Leben erkennen. Darauf folgten ein paar „gute“ Tränen und eine Zeit, in der ich für die Heilung ihres Herzens betete. Jetzt hatte sie etwas Konkretes, das sie mit der Hilfe des Heiligen Geistes identifizieren und ausrotten konnte, sodass in ihrer Ehe hoffentlich neue Früchte hervorkommen würden.

Die Einladung

Der Prophet Hesekiel sprach von einem Wunder der Verwandlung in den Herzen der Gefangenen. Er prophezeite Gottes persönliche Worte: *„Und ich werde euch ein neues Herz geben und einen neuen Geist in euer Inneres geben; und ich werde das steinerne Herz aus eurem Fleisch wegnehmen und euch ein fleischernes Herz geben“* (Hes 36,26). Was bedeutet es, ein Herz aus Stein zu haben? Ein Kommentar beschreibt es folgendermaßen: „In der antiken Welt war das Herz das Zentrum für den Willen und der geistige Katalysator für Gefühle und Handlungen. Ein ‚Herz aus Stein‘ bedeutete Unnachgiebigkeit und Willensstärke.“[18] Ein anderer beschrieb es als „stures, gefühlloses,

---

[18] Vawter and Hoppe, zitiert in David Guzik, „A New Covenant for Israel’s Land and People“, *Study Guide for Ezekiel 36*, Blue Letter Bible,

unzugängliches Herz, das gewöhnlich keine positiven Eindrücke von Gottes Wort, seinen Fügungen oder seinem Geist empfängt.“[19]

Ich respektiere diese wissenschaftlichen Kommentare als zutreffend. Auch ich möchte mich dazu äußern, allerdings mehr aus persönlicher Erfahrung.

Wenn ich ein Herz aus Stein aus meiner eigenen Erfahrung heraus definieren sollte, würde ich es als „gefühllos“ und „innerlich verfinstert“ beschreiben. Es ist ein Zustand des Herzens, der sich hart und eisig anfühlt und dem es an Empathie fehlt. Du fühlst nicht, du weinst nicht und es ist dir egal. In Epheser 1,18 lesen wir, wie der Apostel Paulus dafür betete, dass die Augen unseres Herzens erleuchtet werden, damit wir geistliche Realitäten erkennen können.[20] Wir lesen auch eine Beschreibung derer, die im Herrn reif sind. Reife Gläubige können mit ihren geistlichen Sinnen zwischen Gut und Böse unterscheiden.[21] Schließlich lesen wir eine prophetische Warnung über diese letzten Tage: *„… und weil die Gesetzlosigkeit überhandnimmt, wird die Liebe der meisten erkalten“* (Mt 24,12).

In meinem Fall hatte mein Herz als Reaktion auf ein komplexes Trauma eine Art emotionalen Tod erlebt. Das Verrückte daran ist, dass ich nicht wusste, was passiert war. Um schreckliche Situationen zu überleben, versteckt unser Verstand oft Erinnerungen, die wir nicht akzeptieren oder verarbeiten können, und vergräbt sie tief in unserem Unterbewusstsein. Allerdings bleiben diese Erinnerungen nicht für immer begraben und suchen immer wieder nach einem Weg an die Oberfläche.[22] Meine unbewusste Reaktion auf ein bekanntes

---

https://www.blueletterbible.org/Comm/guzik_david/StudyGuide2017-Eze/Eze-36.cfm

[19] Poole, zitiert in Guzik, „A New Covenant for Israel’s Land and People.“

[20] *Und er gebe euch erleuchtete Augen des Herzens, damit ihr erkennt, zu welcher Hoffnung ihr von ihm berufen seid, wie reich die Herrlichkeit seines Erbes für die Heiligen ist* (Eph 1,18).

[21] *Feste Nahrung dagegen ist für Erwachsene, für reife Menschen, die durch ständigen Gebrauch geschärfte Sinne haben, um zwischen Gut und Böse zu unterscheiden* (Hebr 5,14).

[22] „How the Brain Hides Memories“, Northwestern Medicine, https://www.nm.org/healthbeat/medical-advances/how-the-brain-hides-traumatic-memories; Lisa Nosal, MFT, „Why Are Memories of My Past Trauma Coming

psychologisches Muster bestand darin, mein Herz zu verhärten und alles abzuschalten, um keinen Schmerz zu empfinden oder mich mit meinen Problemen auseinanderzusetzen. Das war der Grund für die wachsende Blindheit, die ich in meinem Inneren spürte, und die Ursache dafür, dass ich für meine eigenen Gefühle generell unzugänglich war.

Du und ich sind eingeladen, den Herrn von ganzem Herzen zu lieben und anzubeten – eine Aufforderung, die sich an unsere gesamte innere Welt richtet. *„Du sollst den Herrn, deinen Gott, lieben von ganzem Herzen, von ganzer Seele und mit all deiner Kraft"* (5. Mose 6,5). Wie sollen wir denn den Herrn von ganzem Herzen lieben und ihm dienen, wenn unser Herz nicht ganz, sondern gebrochen und zerrüttet ist? Wir wollen vielleicht aufrichtig mit ganzem Herzen dabei sein, aber wir können es nicht, weil wir nicht das Herz haben, mit dem wir dieses Gebot erfüllen könnten. In diesem Abschnitt steckt eine wunderschöne, aber versteckte Einladung des Herrn. Er lädt uns ein, innere Heilung und Befreiung für alles zu empfangen, was uns daran hindert, dem Herrn mit ganzem Herzen zu dienen.

Mein Gebet für dich

Heiliger Geist, in deiner wunderbaren Gnade und Liebe lade ich dich ein, zu kommen und ein konstruktiver „Fruchtprüfer" im Leben meiner Leser(innen) zu sein. Zeige ihnen alle Mängel, die sie in Bezug auf ihre königliche und priesterliche Identität haben. Hilf ihnen, Wurzeln zu erkennen und zu identifizieren, die giftige Früchte tragen, und befähige sie dann, die Axt an alles zu legen, was sie bindet. Befreie sie von Süchten, Essstörungen, Mustern der Selbstverletzung und sexuellen Sünden. Verwandle und heile alle steinigen Stellen in ihren Herzen und schenke ihnen wieder zarte, aufgeschlossene Herzen. In Jesu Namen. Amen.

Back Now?", Good Therapy, May 18, 2015, https://www.goodtherapy.org/blog/why-are-memories-of-my-past-trauma-coming-back-now-0518155.

Reich-Gottes-Gedanken

1. Was immer wir in unserem Herzen glauben, bestimmt, welche Richtung unser Leben nehmen wird. Die Dinge werden nicht für immer begraben oder unterdrückt bleiben. Unsere wahren Überzeugungen werden irgendwann an die Oberfläche kommen.
2. Es kann in uns eine Spaltung zwischen unseren rationalen, logischen Gedanken und unseren Gefühlen, Überzeugungen und Emotionen geben. Wir kennen eine Realität in unserem Verstand, reagieren dann aber aus unserem Herzen heraus auf eine andere Realität.
3. Wenn unser Herz verwundet ist und sich tief im Inneren Lügen gebildet haben, tun wir Dinge, die wir eigentlich nicht tun wollen. Wie es der Apostel Paulus beschrieben hat, können wir am Ende Dinge tun, die wir hassen.
4. Süchte, Essstörungen, Selbstverletzungstendenzen, Affären usw. sind keine Wurzeln, sondern Früchte. Wir müssen mit Hilfe des Heiligen Geistes die Axt an die Wurzel legen. Die Früchte werden dann entsprechend verschwinden.
5. Wir sind eingeladen, den Herrn von ganzem Herzen zu lieben und anzubeten, aber wir können nicht von ganzem Herzen anbeten, solange unser Herz nicht geheilt ist. Unsere Herzen können zu Stein werden, das heißt verfinstert und gefühllos, und steinerne Herzen brauchen innere Heilung, um den Herrn wieder von ganzem Herzen anzubeten.

Reich-Gottes-Fragen

1. Wir alle haben verborgene Prägungen, die unseren Handlungen und Aktivitäten zugrunde liegen. Hast du schon einmal die Ursprünge deiner Vorlieben und Abneigungen, Ängste, Schuldgefühle, Schamgefühle, Reaktionen, Obsessionen und Ähnliches erforscht? Wenn ja, was hast du entdeckt?

2. In welchen Situationen hast du festgestellt, dass deine Gedanken und Gefühle nicht übereinstimmen (mit anderen Worten, dein Verstand denkt in eine Richtung und dein Herz fühlt etwas anderes)?
3. Zeigst du dich den Menschen auf eine bestimmte Art und Weise, handelst und fühlst aber anders, wenn sie nicht da sind?
4. Fällt dir nach dem Lesen dieses Kapitels eine Herzkrankheit in deinem Leben auf? Wenn ja, beschreibe sie.
5. Es ist unmöglich, Gott von ganzem Herzen anzubeten, solange dein Herz nicht geheilt ist. Was ist deine Antwort darauf?

Kapitel 4

Wenn du jemanden hasst

So schön und verwandelnd meine Erfahrung der Wiederbelebung meines Herzens auch war, begann ich doch hart mit einem Gefühl zu ringen, das ich vorher hatte unterdrücken und kontrollieren können: Hass. In gewisser Weise war er immer da, aber gute Christinnen und Christen, besonders solche im Vollzeitdienst, sollten keine anhaltenden Probleme mit Hass haben. Ich fühlte mich schlecht, weil ich Hassgefühle hatte, und wandte mich immer wieder an Gott, drückte Vergebung aus und bat ihn im Gegenzug um Vergebung. Dieses langanhaltende Gefühl kam jedoch stets wieder an die Oberfläche, manchmal stärker, manchmal schwächer, und wollte permanent den gleichen Dialog führen.

Mein rationales Ich versuchte es zu übertrumpfen und sagte: *Das ist dumm und vorbei und völlig irrational.* Durch solche logischen Überlegungen gelang es mir, dieses Gefühl jahrzehntelang zurückzudrängen. Aber es ging nicht weg. Und nicht nur das: Mein Hass wurde immer stärker und giftiger, bis ich schließlich beschloss, mir Hilfe zu suchen. In Wahrheit war es so, dass ich jemanden hasste – eine Frau, die mit meinem biologischen Vater liiert war. Und ich hatte sie gehasst, solange ich denken konnte.

Eine meiner frühesten Erinnerungen als Vierjährige war, dass ich diese Frau unkontrolliert anschrie und genau das sagte: „Ich hasse dich!" Auch als Erwachsene hatte dieses Gefühl des Hasses eine seltsame Intensität, wann immer es aufkam. Im Nachhinein denke ich, dass ich aufgrund der Intensität meiner Gefühle Angst vor dem hatte, was ich wirklich fühlte. Ich wusste, dass Hass aus biblischer Sicht keine akzeptable Herzenshaltung ist, da ich all die Drohpredigten darüber gehört hatte, was mit Menschen passieren kann, die andere hassen und sich weigern, von Herzen zu vergeben. *„Wer aber seinen Bruder hasst, ist in der Finsternis und wandelt in der Finsternis und weiß nicht, wohin er geht, weil die Finsternis seine Augen verblendet hat"* (1 Joh 2,11). Und: *„Jeder, der seinen Bruder hasst, ist ein Menschenmörder, und ihr wisst, dass kein Menschenmörder ewiges Leben bleibend in sich hat"* (1 Joh 3,15). Ich dachte immer wieder: *Ich sollte mich nicht so fühlen und nicht dieses Problem haben*, aber ich hatte dieses Problem, sogar an meinen besten Tagen. Als jemand, der im geistlichen Dienst steht und als Frau Gottes hatte ich mich selbst hart verurteilt, weil ich nicht in der Lage war, jemandem zu vergeben, wie es uns die Bibel lehrt. Zu allem Überfluss entwickelte sich das Ganze zu einem erbitterten inneren Ringkampf, den ich verlor.

Auf Empfehlung eines Freundes vereinbarte ich einen Termin bei einem Seelsorger für innere Heilung und Befreiung, um Hilfe zu finden. Obwohl es eine emotionale Situation war, fühlte sie sich seltsam geistlich an. Wie ich im letzten Kapitel sagte, müssen wir überall dort, wo es schlechte Früchte gibt, nach den Wurzeln suchen. Solange die Wurzeln nicht freigelegt und beseitigt sind, kann man die Frucht nicht verändern. Das ist unmöglich. Manche Wurzeln sind sehr tief vergraben, und der Heilige Geist muss dich durch einen Prozess des Ausgrabens führen. Wenn wir bereit sind, uns der Sache zu stellen, wird er einen Weg finden, uns auf das Problem aufmerksam zu machen – zu unserem eigenen Besten und nicht, um uns zu beschämen oder zu verurteilen. Vergiss nicht: Er ist ein Heiler.

Der Unterschied zwischen Hass, Wut und Zorn

Das amerikanische Wörterbuch *Merriam-Webster* definiert Hass als „intensive Feindseligkeit und Abneigung, die in der Regel aus Angst, Wut oder dem Gefühl der Verletzung resultiert; extreme Abneigung oder Ekel"[1]. Es gibt eine Weiterentwicklung von Zorn bis hin zu ausgeprägtem Hass. Hass beginnt mit dem Gefühl des Ärgers bzw. Zorns. Unterdrückter Ärger wird zu Wut und Wut wird zu Hass.

---

[1] „Hate (*n.*)", *The Merriam-Webster.com Dictionary*, https://www.merriam-webster.com/dictionary/hate

Wenn du dich ärgerst, ist das eine emotionale Reaktion auf das, was jemand getan hat. Wenn dir zum Beispiel jemand auf der Straße den Weg abschneidet, reagierst du mit einem zornigen Hupen oder auch mit einer bestimmten Handbewegung. Das ist nur eine vorübergehende Reaktion, und dann ist es vorbei. Die zugrundeliegende Emotion war wahrscheinlich die Angst, in einen Unfall verwickelt zu werden, und der Ärger hat die Kontrolle über deine Angst übernommen und die Situation stabilisiert. Oder dein Mitarbeiter hat eine wichtige Aufgabe vernachlässigt. Diese Nachlässigkeit, das, was er oder sie getan hat, hat dich dazu gebracht, Ärger zu empfinden oder mit Zorn zu reagieren. Auch hier war der Ärger der Deckmantel für das, was du wirklich fühltest. Vielleicht warst du frustriert, weil du einen wichtigen Termin verpasst hast, oder du hattest Angst, wegen dieser Nachlässigkeit einen wichtigen Kunden zu verlieren, oder etwas anderes. Zorn kann konstruktiv sein, wenn du ihn als eine Emotion erkennst, die dich auf etwas aufmerksam macht, das in deinem Umfeld Beachtung erfordert. Würde dieser Mitarbeiter zu häufig nachlässig handeln, würde deine darauffolgende Wutreaktion natürlich zu einer Veränderung im Umfeld des Mitarbeiters führen.

Wut hingegen ist ein unterdrückter, aufgestauter Ärger, der sich plötzlich entladen und sehr zerstörerisch sein kann. Wut ist gefährlicher als Ärger bzw. Zorn. Sie kann sich gewalttätig äußern, sowohl körperlich als auch verbal. Ungezügelte Wut verhält sich fast wie eine Urgewalt und führt dazu, dass du reagierst, ohne die Konsequenzen zu bedenken. In einem Wutanfall kannst du eine Person körperlich angreifen, Gegenstände werfen oder Eigentum zerstören. Du könntest auch jemanden verbal beschimpfen. Wut kann sich nach innen wenden und zu selbstverletzendem Verhalten führen. Wut ist auch schädlich für dein emotionales Wohlbefinden und deinen Körper. Sie geht einher mit Schlaflosigkeit, Depressionen und Angstzuständen. Sie kann auch zu Herzinfarkten, Schlaganfällen und einem geschwächten Immunsystem führen.[2] Ich erinnere mich an einen Wutanfall eines

---

[2] Tanya Harell, „An Overview of Rage and What to Do about It“, Better Help, 21. Mai 2020, https://www.betterhelp.com/advice/anger/an-overview-of-rage-what-to-do-about-it/.

Mannes mittleren Alters, der in einer lokalen, staatlich finanzierten Einrichtung, in der ich eine Zeit lang beschäftigt war, Sozialarbeit leistete. Niemand wusste genau, was der Auslöser war, aber plötzlich fing er an, mit seinen Papieren und scharfen Schreibtischgegenständen zu werfen. Als Nächstes hob er seinen Computer-Bildschirm auf und warf ihn mit voller Wucht auf den Boden, sodass er zerbrach. Nach seinem unkontrollierten Wutanfall haben wir ihn nie wieder in der Einrichtung gesehen.

Wenn wir über Hass sprechen, fällt mir auf, wie sehr wir kulturell und religiös darauf programmiert sind, unsere Hassgefühle nicht zu haben, zu fühlen oder zuzugeben, es sei denn, es dient der eigenen Sache. Hass unterscheidet sich von Ärger, denn es geht nicht darum, was jemand *getan hat*, sondern darum, wer jemand *ist*. Wir sind oft darauf konditioniert, bestimmte politische Parteien, vermeintlich feindliche Nationen oder verschiedene ideologische „Ismen" zu hassen, die unsere Wirtschaft und Kultur zu bedrohen scheinen. In den Vereinigten Staaten wird einem stark eingehämmert, andere Rassen oder andere sexuelle Orientierungen nicht zu hassen. Wir können aber trotzdem zum Ziel von Hass werden, wenn wir mit unbiblischen sexuellen Orientierungen nicht einverstanden sind. In den Kirchen und Gemeinden werden wir dazu gedrängt, unseren Peinigern sofort zu vergeben und sie zu lieben. Und uns wird beigebracht, dass wir unseren ganzen Hass am Altar abladen sollen, ohne irgendeinen Prozess. Diese Methode funktioniert nicht. Vergebung ist ein guter Anfang, aber man muss einen Prozess durchlaufen, um den Hass vollständig zu überwinden. In diesem Buch möchte ich mich auf den Hass auf einer persönlicheren Ebene konzentrieren, insbesondere auf die Entwicklung von Ärger zu Hass, weil du verletzt worden bist.

Lass den Teufel keinen Fuß in die Tür bekommen!

Ärger bzw. Zorn an sich ist nicht falsch. Um es noch einmal zu sagen: Ärger ist auch ein Alarmsystem, das uns darauf aufmerksam macht, wenn uns etwas Unangemessenes widerfährt, damit wir uns mit unserer Umgebung auseinandersetzen können. In den biblischen Berichten sehen wir, dass es Raum für gerechten Zorn gibt. Das Alte Testament schildert Gottes Zorn über die Untreue seines Volkes (vgl. 4 Mose 11,33; 21,5-6); die Evangelien berichten darüber, dass Jesus über die Geldwechsler im Tempel zornig wurde (vgl. Joh 2,15-16). *„Wenn ihr zornig seid, dann ladet nicht Schuld auf euch, indem ihr unversöhnlich bleibt"*, wies Paulus die Epheser an. *„Lasst die Sonne nicht untergehen, ohne dass ihr einander vergeben habt. Gebt dem Teufel keine Gelegenheit, Unfrieden zu stiften"* (Eph 4,26-27 HFA). Aber gerechter Zorn wird gerechte Menschen zu erlösendem Handeln führen.

Hass hingegen hat die Eigenschaft, sich zu verfestigen. Wenn wir unsere Emotionen nicht rechtzeitig und konstruktiv verarbeiten oder verarbeiten können, wird der Ärger in uns schwelen und sich in Wut verwandeln oder sogar geistliche Dimensionen annehmen. Das wird zur offenen Einladung an den Teufel, Lügen in unser Herz zu säen. Was Hass angeht, hört man oft, dass jemand eine Person sehr lange gehasst hat. Im Laufe dieser langanhaltenden Verfestigung wünscht sich die hassende Person in der Regel, dass ihr Feind bzw. ihre Feindin verletzt wird, stirbt oder eine andere Form der Bestrafung erleidet.

Eine junge Frau erzählte, ihr Stiefvater habe sie und ihren Bruder in ihrer Kindheit oft geschlagen und sie sogar als „Sklaven und Parasiten" bezeichnet. Da sie als Teenager keinen Ort hatte, an dem sie ihren Ärger und ihren Zorn ablassen konnte, wandte sie sich dem Satanismus zu, um Macht und Schutz zu finden. Sie führte Beschwörungsformeln durch und belegte ihren Stiefvater und alle anderen, die ihr in die Quere kamen, mit Flüchen und Verwünschungen. Inzwischen ist sie Christin geworden und immer noch im Heilungsprozess, aber sie will nicht mehr, dass ihrem Stiefvater etwas Schlimmes zustößt.

Der Heilige Geist ist unser designierter Ratgeber auf der Erde. *„Der Beistand aber, der Heilige Geist, den der Vater senden wird in meinem Namen, der wird euch alles lehren und euch an alles erinnern, was ich euch gesagt habe"* (Joh 14,26). Das Wort, das in diesem Abschnitt für „Beistand" verwendet wird, ist das griechische Wort *paraclete*[3], das „unterschiedlich mit ‚Ratgeber', ‚Fürbitter',

---

[3] Paraclete", *Baker's Evangelical Dictionary of Biblical Theology,* Bible Study Tools, https://www.biblestudytools.com/dictionary/paraclete/; „3875. paraklétos", *Strong's Concordance*, Bible Hub, https://biblehub.com/greek/3875.htm

‚Tröster', ‚Verstärker' und ‚Beistand' übersetzt worden ist. Dieser verheißene Fürbitter oder Ratgeber ist der Heilige Geist."[4] In Zeiten des Ärgers steht der Heilige Geist bereit, um uns zu beraten und zu trösten. Er betet auch für uns und setzt sich für uns ein. Wenn wir uns ärgern, weil wir verletzt worden sind, wird er uns beraten und uns die besten Maßnahmen aufzeigen.

Satan kann ebenfalls als Ratgeber fungieren, aber als ein zerstörerischer. Wenn der Ärger in uns sitzt, wenn wir damit ins Bett gehen und ihn nicht ablegen, fangen wir an, uns Gedanken und Pläne zu machen, wie wir mit der Person bzw. den Personen umgehen sollen, die uns verletzt haben. Diese Gedanken sind in der Regel rachsüchtig und zerstörerisch und rechtfertigen sich immer. Wir können diese Pläne sogar mit dem Rat des Heiligen Geistes verwechseln. Ein Pastor gestand, er sei mit seinem Ärger „auf Autopilot gegangen", nachdem er von jemandem gedemütigt worden war. Über die Person, die ihn in beschämt hatte, sagte er: „Ich schmiedete hinterhältige Pläne, um auch ihn zu demütigen!" In seiner Gnade griff Gott in das Leben dieses Pastors ein, indem er einen Propheten mit nur einem Wort des Heiligen Geistes schickte. Das Wort lautete: „Kehr um!" Sofort wurde der Pastor in seinem Herzen überführt und kehrte um. Daraufhin fasste er den Entschluss, seinen Ärger mit Hilfe des Heiligen Geistes und nicht durch Rache zu überwinden.

Rache ist Gott – und allein Gott – vorbehalten. *„Rächt euch nicht selbst, meine Lieben, sondern gebt Raum dem Zorn Gottes; denn es steht geschrieben: ‚Die Rache ist mein; ich will vergelten, spricht der Herr'"* (Röm 12,19 LUT). Menschlicher Zorn ist immer mit einem gewissen Maß an dämonischer Partnerschaft verbunden, daher die Anweisung, *„Jeder Mensch sei schnell zum Hören, langsam zum Reden, langsam zum Zorn! Denn eines Mannes Zorn wirkt nicht Gottes Gerechtigkeit"* (Jak 1,19-20). Wenn Zorn zu Wut wird und dann in Hass umschlägt, wirkt er sich negativ auf unsere ganze Welt aus und kann über die Blutlinie an unsere Kinder weitergegeben werden – zumindest so lange, bis jemand die Axt daranlegt.

---

[4] Kurt Selles, „The Holy Spirit as Counselor", *Today*, June 15, 2016, https://today.reframemedia.com/devotions/the-holy-spirit-as-counselor

Der Hass sitzt in der Blutlinie

Ich stamme überwiegend von europäischen Vorfahren ab, vor allem von skandinavischen väterlicherseits und englischen mütterlicherseits. Unsere englische Abstammung ist mit einem wichtigen Separatistenführer namens William Brewster verbunden, der zur Zeit der historischen Mayflower-Reise nach Amerika lebte. Separatisten waren Christen, die sich als Reaktion auf die korrupten politischen und religiösen Praktiken der „Church of England" (Anglikanische Kirche von England) unabhängig von ihr versammelten.[5] Die Separatisten glaubten, dass sich christliche Gemeinden unter der Führung des Heiligen Geistes versammeln und von ihm formen lassen sollten und nicht durch Menschen oder den Staat. Unabhängige kirchliche Versammlungen waren in England höchst illegal und wurden stark verfolgt, sodass viele Anhänger in tolerantere Länder flohen. William Brewster, der nach Holland geflohen war und die korrupte religiöse Elite entlarven wollte, betrieb eine Druckerei und einen Verlag, die dazu dienten, die Pläne der „Church of England" für Amerika zu vereiteln.[6] Unsere Familientradition geht davon aus, dass Brewster zusammen mit seiner Frau und seinen Kindern als blinder Passagier auf der *Mayflower* dauerhaft vor den englischen Behörden geflohen ist. Es gibt keine historischen Beweise dafür, dass sie blinde Passagiere waren, aber wir wissen, dass die Familie Brewster an Bord der *Mayflower* ging und in Cape Cod landete.

Ich erzähle das, damit du verstehst, was mir vor einigen Jahren auf einer großen Konferenz in Kalifornien passiert ist. Es war eine Konferenz mit charismatischen Themen, aber überall im Raum saßen Geistliche aus England aus der anglikanischen Kirche, erkennbar an ihren speziellen Kragen. Ich dachte mir nichts dabei, bis ich einige Einheiten der Konferenz hinter mir hatte. Als ich vorne saß und dem Redner zuhörte, bemerkte ich, dass sich in meinem Inneren etwas

---

[5] „Separatist", *The Encyclopedia Britannica*, https://www.britannica.com/topic/Separatists

[6] Wikipedia, „William Brewster (Mayflower Passenger)", *Wikipedia, The Free Encyclopedia*, https://en.wikipedia.org/wiki/William_Brewster_(Mayflower_passenger)

erhob, das überhaupt nicht meinen Gedanken, meiner Einstellung und meinem Willen entsprach und klar und deutlich zu sprechen begann – aber es war nicht ich. Es sagte klar und deutlich: „Ich hasse Anglikaner.“ Es fühlte sich an, als würde das Gefühl des Hasses durch mich hindurchströmen wie Blut durch meine Adern. An diesem Punkt hatte ich das Gefühl, die Kontrolle über mein eigenes Verhalten und mich selbst zu verlieren, und bat meine Sitznachbarin um Hilfe. Sie antwortete: „Du musst zu einem dieser Anglikaner gehen und Buße tun und sie bitten, für dich zu beten.“ Ich nickte und verließ meinen Platz auf der Suche nach einem sympathisch aussehenden Anglikaner.

Im hinteren Teil des Konferenzraums machte ich ein nett aussehendes Paar an seinem britischen Akzent aus und ging auf sie zu. Ich wusste nicht, wie ich angemessen erklären sollte, was passiert war, und sprach ziemlich unbeholfen, vertraute aber auf die Hilfe des Heiligen Geistes. „Es ist eine lange Geschichte“, begann ich, „und sie hat viel mit meinen Vorfahren zu tun, aber ich hasse Anglikaner.“ Sie starrten mich an und wussten nicht, woher ich kam und wohin das führen sollte. Ich fügte hinzu: „Ich wusste bis jetzt nicht, dass ich Anglikaner hasse, aber ich möchte auf jeden Fall für meinen Hass Buße tun und euch bitten, mir zu vergeben und für mich zu beten.“ Daraufhin nahmen sie meine Reue freundlich auf und sprachen mir ihre Vergebung aus. Zum Schluss sprachen sie ein Segensgebet über mir und ich hatte danach keine Probleme mehr.

Hass ist eine zerstörerische Kraft im Hier und Jetzt, die über Generationen hinweg in der Blutlinie aktiv bleiben kann, sowohl körperlich als auch geistlich. In 1. Mose lesen wir, dass Abraham und Sara ein prophetisches Wort von Gott über einen verheißenen Sohn erhielten. Als die Zeit verging und Sara nicht schwanger wurde, fand sie für Abraham eine Leihmutter, mit der er ein Kind zeugte, das er Ismael nannte. Das war jedoch nicht Gottes Plan, und Abraham und Sarah bekamen schließlich ihren eigenen Sohn und nannten ihn Isaak. Als Ismael begann, Isaak zu verachten, wurden er und seine Mutter aus Abrahams Haus vertrieben. Trotz dieser Schwierigkeiten wurde Ismael zu einer mächtigen Nation.

> Es gibt viele Leute, die glauben, dass Ismaels Nachkommen (höchstwahrscheinlich Araber und Menschen aus dem Nahen Osten) ihre ursprüngliche Verachtung über die Jahrhunderte und bis heute gegenüber Isaaks Nachkommen, den Israeliten, fortgesetzt haben, obwohl einige dies bestreiten.[7]

Ich tendiere zu der Theorie, dass sich die ursprüngliche Verachtung fortgesetzt hat, weil ich erlebt und beobachtet habe, wie sich der Hass durch die Blutlinien der Familie ausbreitet und dem Teufel eine offene Einladung für geistliche Bedrückung und gottloses Verhalten bietet, bis jemand die geistliche Autorität darüber ergreift und den Hass an der Wurzel zerstört.

Hast du unerklärliche Anfälle von Hass auf eine Gruppe von Menschen oder eine bestimmte Art von Person? Wenn ja, könnte es sich um einen Generationenhass handeln. Er ist ein böses geistliches Tor, das Satan benutzt, um die Kontrolle über dein Leben zu übernehmen, wenn sich die Gelegenheit bietet. Du musst für den Hass in deiner Blutlinie Buße tun und dem Teufel befehlen, dich und deine Blutlinie für immer zu verlassen. Um dir dabei zu helfen, habe ich am Ende des Buches ein Bußgebet beigefügt, dem du folgen kannst.

Hass führt zu Mordgedanken

In seiner extremsten Ausprägung kann der Hass zu Mord führen. Menschen, die hassen, haben fast immer Todesgedanken in Bezug auf die Person oder die Gruppe von Menschen, die sie hassen. Der Apostel Johannes schrieb: *„Jeder, der seinen Bruder hasst, ist ein Menschenmörder, und ihr wisst, dass kein Menschenmörder ewiges Leben bleibend in sich hat“* (1 Joh 3,15). Wir lesen auch, dass Jesus Satan

---

[7] Eivaz, *Prophetic Secrets*, chapter 2, unter Bezugnahme auf „What Does the Bible Say About Muslims/Islam?“, Bibleinfo, https://www.bibleinfo.com/en/questions/what-does-bible-say-about-muslims-islam; „Is the Arab Nation Descended from Ishmael?“, CBN, https://www1.cbn.com/onlinediscipleship/is-the-arab-nation-descended-from-ishmael%3F

als einen Mörder von Anfang an bezeichnete.[8] Wenn wir dem Hass erlegen sind, öffnet das einem finsteren dämonischen Mordgeist die Tür, der unsere Fantasie mit bösen Gedanken an Mord und Tod erfüllt. Jemandem den Tod zu wünschen, ist ein untrügliches Zeichen dafür, dass es ein ernstes geistliches Problem mit Hass gibt.

Diana, eine professionelle Therapeutin in einer meiner Online-Mentoring-Gruppen, erzählte, wie sie in einen obsessiven Hass auf ihre Schwiegermutter verfallen war. Sie und ihr Mann lernten sich im College kennen, heirateten und bekamen drei Kinder. Sie hatte die Probleme mit seiner Mutter von Anfang an bemerkt, aber das Ausmaß wurde ihr erst im Laufe der Ehe bewusst. „Sie war passiv-aggressiv und manipulativ, wenn es darum ging, mich auszuschließen", sagte Diana. „Sie ignorierte mich, wenn wir sie besuchten, und stellte selten Augenkontakt her. Außerdem habe ich in ihrem Haus mehrere Bilder von meinem Mann und unseren Kindern gesehen, aber keines von mir." Diana fügte hinzu, ihre Schwiegermutter habe ihren Mann und ihre Kinder mit Zuneigung und Aufmerksamkeit überhäuft, aber ihr dann die kalte Schulter gezeigt. Sie habe auch die Erziehung ihrer Kinder kritisiert, was zu Streit zwischen ihr und ihrem Mann führte. Diana kann sich nicht mehr daran erinnern, was ihre Schwiegermutter gesagt hat, aber sie steigerte sich in diese Sache hinein und träumte davon, ihr etwas anzutun. „Ich wollte, dass sie wegen des Streits, den sie in meiner Ehe verursacht hatte, ganz aus meinem Leben verschwindet. Es war lähmend", sagte Diana. „Ich hatte mich ein paar Wochen lang darauf fixiert, wie sehr ich sie hasste, und grübelte darüber nach. Als ich einmal meinen Benzintank überfüllte, während ich darüber fantasierte, sie mit meinem Auto zu überfahren, wusste ich, dass ich Hilfe brauchte."

Diana ist eine Therapeutin. Sie kennt sich mit diesen Dingen aus und tappte trotzdem in die Falle, weil sie das Ausmaß ihrer eigenen Gefühle verleugnete. Sie erklärte, sie habe ihre verbitterten und hasserfüllten Gedanken rationalisiert, indem sie alles auf ihre Schwiegermutter

---

[8] *Ihr seid aus dem Vater, dem Teufel, und die Begierden eures Vaters wollt ihr tun. Jener war ein Menschenmörder von Anfang an und stand nicht in der Wahrheit, weil keine Wahrheit in ihm ist. Wenn er die Lüge redet, so redet er aus seinem Eigenen, denn er ist ein Lügner und der Vater derselben* (Joh 8,44).

schob und sich ihre eigenen Wunden, ihren Schmerz und ihre sündigen Reaktionen nicht eingestand. Als sie erkannte, dass sie Hilfe brauchte, vereinbarte sie einen Termin für innere Heilung und Befreiung. „Ich war total verzweifelt", erklärte sie. „Ich habe so lange gebraucht, um die Worte ‚Ich vergebe' zu sagen und sie loszulassen. Ich war bereit dazu, aber meine Lippen fühlten sich wie gelähmt an."

Hass wirkt wie eine dicke Kette um das Herz, die nicht auf einmal, sondern nur langsam, Schicht für Schicht, aufgebrochen wird. Ich persönlich habe sehr hart daran arbeiten müssen. Manche wählen den Hass, um Macht über eine Situation zu haben, aber er ist eine dämonische Waffe, die uns am Ende mehr schadet als nützt.

Suche weiter nach versteckten Wurzeln

Der Dienst der inneren Heilung ist „der Prozess der Auseinandersetzung mit den sündigen Reaktionen und falschen Überzeugungen, die sich während der schmerzhaften Episoden des Lebens in unserem Herzen festgesetzt haben."[9] Wenn wir uns solcher Reaktionen und Überzeugungen bewusst werden, können wir diese Dinge dem Heiligen Geist vorlegen und in ihm Heilung, einen Abschluss und Freiheit erlangen. Manchmal geschieht dies in einem privaten Rahmen, nur zwischen dir und dem Heiligen Geist. In anderen Fällen brauchst du vielleicht die Hilfe eines ausgebildeten Beraters für innere Heilung und Befreiung, der die Weisheit, Erfahrung und Salbung besitzt, um gebrochene Herzen zu heilen und Gefangene zu befreien.[10]

Der Dienst der Befreiung ist der Prozess der Dämonenaustreibung. Ich kenne viele, die sich nur auf den Dienst der Befreiung konzentrieren, ohne die innere Heilung zu berücksichtigen, aber das ist kein biblisches Modell. Wir lesen diese Beschreibung: *„Jesus von Nazareth,*

---

[9] Alice Clark, „The Beginners Guide to Inner Healing", Transformation, School of Ministry, Catch the Fire, https://catchthefire.com/blog-full/the-beginners-guide-to-inner-healing

[10] *Der Geist des Herrn ist auf mir, weil er mich gesalbt hat, Armen gute Botschaft zu verkündigen; er hat mich gesandt, Gefangenen Freiheit auszurufen und Blinden, dass sie wieder sehen, Zerschlagene in Freiheit hinzusenden, auszurufen ein angenehmes Jahr des Herrn* (Lk 4,18).

wie Gott ihn mit Heiligem Geist und mit Kraft gesalbt hat, der umherging und wohltat und alle heilte, die von dem Teufel überwältigt waren, denn Gott war mit ihm" (Apg 10,38). Dämonen kommen, um zu unterdrücken, zu belästigen und zu quälen, indem sie nach einer offenen Tür suchen. Diese offene Tür kann durch Sünde entstehen, aber auch durch eine Art emotionale Wunde, die geheilt werden muss. Solange diese Wunde nicht geheilt ist, bleibt die Tür offen. Du kannst einen Dämon erfolgreich austreiben, aber er wird zurückkommen, weil die Tür immer noch offen ist. Der Dienst der inneren Heilung dient dazu, diese Türen zu schließen.

Es hat bei mir einige Zeit gedauert, bis ich einen Termin bei einem Seelsorger für innere Heilung und Befreiung bekam. Bedenke, dass die effektiven Berater oft sehr beschäftigt sind und du wie bei einem guten Arzt vielleicht eine Weile warten musst, bis du einen Termin bekommst. Als ich den Termin hatte, wurde ich gebeten, einen allgemeinen Fragebogen auszufüllen und zu erklären, weshalb ich Seelsorge brauchte. Ich schrieb kurz und knapp: „Ich hasse eine bestimmte Frau und komme nicht darüber hinweg." Außerdem wurde ich gebeten, einen geistlichen Stammbaum auszufüllen und nach bestem Wissen und Gewissen anzugeben, welche Sünden und Festungen bei den einzelnen Familienmitgliedern vorkommen. Schließlich wurde ich über die Kosten des Dienstes informiert, die ganz normal sind, so wie man sie auch bei einem guten Arzt oder Therapeuten erwarten würde. Berater/innen für innere Heilung und Befreiung arbeiten nicht umsonst und widmen sich dieser Art von Arbeit in der Regel in Vollzeit.

Etwa dreißig Tage vor dem Termin hatte ich eine Reihe von Träumen. Ich begann, während der Nacht meine eigene vergessene Geschichte in Bruchstücken zu sehen. Es war wirklich schockierend für mich, denn ich konnte nicht einordnen, was ich da sah. Genau wie mein biologischer Vater war auch diese Frau pädophil und hatte mich sexuell missbraucht. Mein Verstand hatte diese schrecklichen Missbrauchshandlungen vergessen, aber mein Herz nicht. Die Gebetsseelsorgerin hatte ebenfalls ein Wort der Erkenntnis vom Heiligen Geist über die Wurzel meines Hasses erhalten, und sie bestätigte, was ich in meinen Träumen gesehen hatte. Ich wünschte, die Heilung ginge schneller, aber in den drei Stunden unserer Sitzung wurde ich meinen

Hass nicht los. Ehrlich gesagt, schien zuerst nichts real zu sein, aber der Hass in mir war zu groß, als dass es nicht real sein konnte. Ich wusste daher, dass ich einen speziellen Therapeuten brauchte, und suchte nach einem christlichen Trauma-Berater, der meine Termine für innere Heilung und Befreiung ergänzen konnte.

Ich sah fast drei Jahre lang keinen Sieg über diesen Hass, selbst nachdem ich die Wurzel des Hasses kannte. Er war zu stark in mir verankert. Ich hatte mich als junges Mädchen an den Hass geklammert, um Macht über eine Situation zu haben, in der ich machtlos war. Und seitdem wollte ich fast jeden Tag, dass diese Person stirbt und das bekommt, was sie verdient hat. Ich hatte auch natürliche Bedenken, was mit mir passieren würde, wenn ich den Treibstoff, den der Hass lieferte, aufgeben würde. Würde ich mein Feuer verlieren? Würde ich meinen Einfluss verlieren? Es klingt lächerlich, aber wenn du eine öffentliche Person bist, hat dein Publikum eine bestimmte Beziehung zu dir, und ich befürchtete, dass durch eine Veränderung meiner Persönlichkeit diese Beziehung verloren gehen würde.

Während einer Gebetszeit mit derselben Gebetsseelsorgerin gab mir der Heilige Geist eine Vision. Ich konnte endlich sehen, dass sich in meinem Herzen ein Weg auftat, der direkt zu Jesus führte. Ich verstand endlich in meinem Herzen, dass ich nicht mehr zu hassen brauchte. Mein Verstand wusste das ganz genau, aber Gottes Heilung war bis dahin nie in mein kleines Mädchenherz gefallen.

Meine Kraft kommt von Jesus, und mein Feuer ebenfalls.

Mein Gebet für dich

Heiliger Geist, ich bete für jede Person, die dieses Kapitel liest und persönlich oder durch Generationeneinflüsse an Hass gebunden ist. Ich bitte dich, die Ketten des Hasses zu lösen, die ihre Herzen und ihre Blutlinie fest umklammert haben. Ich lade dich ein, zu kommen und die tiefen Wunden in den Herzen deiner Söhne und Töchter, in ihrem Leben und im Leben ihrer Vorfahren zu heilen. Befähige sie jetzt, in dieser Generation, die Tür zum Hass vollständig zu schließen und durch die Kraft deiner Gnade wahre Vergebung zu finden. In Jesu Namen, Amen.

Reich-Gottes-Gedanken

1. Hass ist eine intensive Feindseligkeit und Abneigung, die in der Regel ihren Ursprung in Angst, Ärger oder Gekränktheit hat. Er ist eine extreme Abneigung oder Abscheu.
2. Es gibt eine Entwicklung hin zur Emotion des Hasses. Hass beginnt mit Ärger. Unterdrückter Ärger wird zu Wut, und Wut wird zu Hass.
3. Hass unterscheidet sich von Ärger, denn es geht nicht darum, was jemand getan hat, sondern darum, wer jemand ist.
4. Der Hass kann über die Blutlinie an unsere Kinder weitergegeben werden – bis ihm jemand durch Buße für den generationenübergreifenden Hass ein Ende setzt.
5. Jemandem den Tod zu wünschen, ist ein untrügliches Zeichen dafür, dass es ein ernstes geistliches Problem mit Hass gibt. Wer dem Hass verfallen ist, braucht innere Heilung und Befreiung.

Reich-Gottes-Fragen

1. Hattest du jemals mit Hass zu kämpfen? Wenn ja, erkläre das.
2. Es gibt eine Entwicklung von Ärger/Zorn zu Wut und dann von Wut zu Hass. Kannst du erklären, wie sich das eine vom anderen unterscheidet?
3. Welche Warnungen gibt uns die Bibel über den richtigen Umgang mit Zorn (vgl. Epheser 4,26-27; Römer 12,19; Jakobus 1,19-20)?
4. Hast du jemals Hass erlebt oder beobachtet, der über mehrere Generationen geht? Wenn ja, beschreibe es.
5. Hast du beim Lesen dieses Kapitels irgendwelche Wurzeln des Hasses entdeckt?

Kapitel 5

Traumatisiert und zerrüttet

(Der Inhalt dieses Kapitels ist sensibel. Lies es mit Vorsicht.)

Ich hatte gerade meinen Sohn zu einer Geburtstagsfeier gebracht und genoss die ruhige Heimfahrt über die lange Landstraße. Während der Fahrt sah ich plötzlich vor meinem geistigen Auge ein Bild meiner rechten Hand, die in mehrere Schichten weißer Hochzeitsbänder eingewickelt war. Ich hatte mich noch nie mit dem Sinn von Handfasting-Bändern beschäftigt, aber mein Geist wusste sofort Bescheid. Ich dachte: *Moment mal! Da geht es um eine Hochzeit, eine Art heidnische Hochzeit.* Ich begann mich an etwas zu erinnern, das ich in meinem Unterbewusstsein vergraben hatte. Als die Erinnerungen wie einzelne Karteikarten in meinem Kopf aufblitzten, stellte ich dem Herrn und mir selbst laut eine Frage, die ich für unsinnig hielt. Meine Frage lautete: *War ich schon einmal verheiratet?*

Wie ich später in diesem Kapitel erklären werde, können Überlebende komplexer Traumata die traumatischen Szenen zeitlich nicht klar einordnen oder sich vollständig und chronologisch an sie erinnern. Diese Erinnerungen kommen zurück, wenn man damit umgehen kann, und sie können in Form von zerklüfteten Bildern auftauchen. Das spiegelt die Zerrüttung des Verstandes eines Menschen wider, wenn er schwere traumatische Erfahrungen macht. Die Bilder, die mir nacheinander durch den Kopf schossen, waren diese:

- *Ich bin dreizehn oder vierzehn Jahre alt.*
- *Ich bin unangemessen gekleidet.*
- *Es ist spät in der Nacht. Mitternacht?*

- *Ein Raum mit hohen Decken und Buntglasfenstern.*
- *Ein Nebenraum mit Büchern in Regalen, wie ein Arbeitszimmer.*
- *Mein biologischer Vater ist dort. Er hat das getan.*
- *Ein heidnischer Priester in Schwarz gekleidet.*
- *Die Gäste sind Goths und Hollywood-Typen. Lauter Männer und eine Frau.*
- *Ich bin wütend und dämonisiert.*
- *Ich werde mit diesem Kerl verheiratet?!*
- *Ich hasse ihn. Ich bin in Panik.*
- *Ich bin gebunden, versiegelt und feierlich verpfändet.*
- *Es gibt Geister.*
- *Mein Verstand wird schwarz. An das, was danach kommt, kann ich mich nicht erinnern.*

Nachdem diese zerklüfteten Erinnerungen wie Bilderblitze zurückkamen, hatte ich eine kurze Vision vom Heiligen Geist. In der Vision stand ich vor den himmlischen Gerichten und forderte einen „writ of divorce“ (Scheidungserlass). Soweit ich mich erinnere, habe ich das Wort „writ“ (Erlass) in meinem ganzen Leben noch nie benutzt. Ich weiß, dass es in der Bibel vorkommt, aber bis zu diesem Erlebnis habe ich nie darüber nachgedacht. Ein Erlass ist „eine Anordnung, die von einer Behörde mit Verwaltungs- oder [juristischen] Befugnissen, in der Regel einem Gericht, erlassen wird“.[1] Außerdem hatte ich noch nie die Lehren und Methoden in Bezug auf die „Gerichte des Himmels“ angewandt, die in vielen charismatischen Kreisen kursieren.[2] Ich habe kein Problem mit dieser populären Lehre, aber ich wusste bereits, wie ich meine Gebete erhört bekomme. Ich hatte es nicht nötig, eine andere Methode auszuprobieren, um einen größeren Durchbruch zu erzielen. Dennoch stand ich in einer sehr realen Vision vor den himmlischen Gerichten und verlangte eine Scheidung. Als ich

[1] „Writ“, Cornell Law School, Legal Information Institute, https://www.law.cornell.edu/wex/writ.

[2] Vgl. Robert Henderson, *In den Gerichtssälen des Himmels wirken* (HIS Ministries, 2017).

aus dieser Vision herauskam, brach ich verbal jeden Fluch, den ich mir vorstellen konnte, und mein Herz und mein Verstand rasten. Wie üblich, wusste ich nicht, was ich davon halten sollte, und war mir nicht sicher, ob es real war.

Ich wollte mit meinem Mann darüber reden, sobald ich zu Hause war, aber der Schock über die Erinnerung war zu heftig. Wenn deine Erinnerungen zurückkommen, fühlst du sie, als wären sie gerade erst passiert. Es ist wie eine Zeitkapsel, die in deinem Kopf vergraben ist und deren Hülle beschlossen hat, zu schmelzen und ihren Inhalt freizulegen. Also beschloss ich, einfach darüber zu schlafen und am nächsten Tag eine Entscheidung zu treffen. Am nächsten Morgen jedoch, als ich unter der Dusche stand, um mich für den Gottesdienst bereitzumachen, begann ich stark zu zittern und spürte einen stechenden Schmerz im Unterleib. Schnell schnappte ich mir ein Handtuch und legte mich auf mein Bett, während ich meinen Mann um Hilfe rief. Er kam und fand mich so liegen, wie ich es gerade beschrieben habe. Ich schrie und sagte dann: „Mein Gott! Ich war schon einmal verheiratet! Sie haben mich gezwungen, diesen Kerl zu heiraten!"

Nachdem dies geschehen war, wandte ich mich an einen Seelsorger für innere Heilung und Befreiung, der sich mit satanischem rituellem Missbrauch (SRA) auskennt. Ich wollte eine Art Bestätigung dafür, dass diese Gruppen solche Rituale durchführen. Du musst Nachforschungen anstellen und die Geister prüfen, damit du nicht von falschen Erzählungen oder dämonischen Wahnvorstellungen geleitet wirst. Gleichzeitig solltest du deine wiedererlangten, schwer zu glaubenden Erinnerungen nicht einfach abtun, nur weil sie deine Vorstellungen überschreiten. Das ist der ständige Kampf mit SRA. Dein Verstand lehnt ständig ab, was er verarbeiten muss, um zu heilen.

Der Seelsorger für innere Heilung und Befreiung, den ich erwähnte, bestätigte meine Erfahrung, denn diese Art von Ritualen findet tatsächlich statt. Jetzt brauchte ich einen Plan, wie ich von dem Trauma geheilt und von allem befreit werden konnte, was mich noch an diese falsche Ehe fesselte. Du kannst die geistliche Seite dieser Sache nicht ignorieren. Wenn du rituell an etwas oder jemanden gebunden warst, selbst wenn es gegen deinen Willen geschah, wird es seinen Anspruch auf dich und deine Kinder aufrechterhalten, bis du es auflöst.

Für mich bedeutete das einige Termine für Gebetsseelsorge. Du kannst auch nicht ignorieren, wie dich diese Sache emotional verstrickt hat. Ein Trauma schädigt dein Gehirn, aber du *kannst* geheilt werden. Ich hatte dann mehrere Termine mit einer professionellen christlichen Trauma-Beraterin.

Trauma verstehen

„Ein Trauma schädigt dein Gehirn", erklärte sie. Ich war schockiert, als ich das von meiner eigenen christlichen Trauma-Beraterin hörte, aber ihre Bemerkungen erklärten meine zahlreichen Probleme, die mit einem komplexen Trauma zusammenhängen, wie z. B. Amnesie, Dissoziation,[3] PTBS (Posttraumatische Belastungsstörung), ADHS (Aufmerksamkeitsdefizit-Hyperaktivitätsstörung) und mehr. Das sind eine Menge Bezeichnungen, aber ich wirke in meinem Dienst auf einem solch hohen Niveau, dass die meisten Leute keine Ahnung haben, dass das meine Probleme sind. Wie dem auch sei, ich entdeckte viele vertrauenswürdige Quellen, die nicht nur ihre Aussage bestätigten, sondern auch durch klinische Forschung und die Genesungsgeschichten von Überlebenden untermauerten, was die Bibel so klar verheißt. In Christus kann dein Denken erneuert werden, und du wirst Ruhe für deine Seele finden.[4]

---

[3] „Zu den dissoziativen Symptomen gehören das Gefühl des Getrenntseins oder das Gefühl, außerhalb des eigenen Körpers zu sein, sowie Gedächtnisverlust oder Amnesie. Dissoziative Störungen werden häufig mit früheren Traumaerfahrungen in Verbindung gebracht." Es gibt verschiedene Abstufungen der Dissoziation, aber vor allem Kinder entkommen durch Dissoziation geistig den schrecklichen Szenen des Missbrauchs, die sie sonst in den Wahnsinn getrieben hätten. Sie werden dieses Muster bei jedem Auslöser bis ins Erwachsenenalter fortsetzen, bis ihre Psyche geheilt ist. „What Are Dissociative Disorders?" American Psychiatric Association, August 2018, https://www.psychiatry.org/patients-families/dissociative-disorders/what-are-dissociative-disorders.

[4] *„Er erquickt meine Seele"* (Ps 23,3); *„Und richtet euch nicht nach den Maßstäben dieser Welt, sondern lasst die Art und Weise, wie ihr denkt, von Gott erneuern und euch dadurch umgestalten"* (Röm 12,2), *„… ihr werdet Ruhe finden für eure Seelen"* (Mt 11,29).

Ein Trauma entsteht, wenn du ein oder mehrere belastende Ereignisse erlebst, die ein überwältigendes Maß an Stress verursachen und deine Fähigkeit übersteigen, die damit verbundenen Emotionen zu bewältigen oder zu integrieren.[5] Das ist die Standarddefinition. Ich definiere Trauma einfacher – als das Gefühl, innerlich getroffen, zerschlagen und zerschmettert zu werden. Ein Trauma kann nach einem Unfall, dem unerwarteten Verlust eines geliebten Menschen, einer Naturkatastrophe oder als Opfer eines Verbrechens auftreten. Je nach Schwere des Traumas und der Persönlichkeit des Betroffenen kann es eine Vielzahl von Reaktionen und Symptomen geben. Eine Person, die in einen Autounfall verwickelt war, kann zum Beispiel den Unfall in ihrer Fantasie und in ihren Gefühlen wiedererleben, wenn sie sich hinter das Steuer eines Autos setzt. Ein Opfer eines Überfalls hat vielleicht noch Monate oder Jahre danach Albträume und Flashbacks von dem Vorfall und kann sich nur schwer in Sicherheit fühlen.

Nicht jeder, der ein belastendes Ereignis erlebt, entwickelt Symptome eines Traumas. Die Traumasymptome mancher Menschen lösen sich nach ein paar Wochen auf, während sie bei anderen länger anhalten und sie stärker beeinträchtigen. Ist das Trauma auf ein einzelnes Ereignis zurückzuführen, das keine sehr starken Auswirkungen hat, können die meisten seelisch gesunden Menschen es mit Hilfe des Heiligen Geistes und durch Meditieren über Gottes zeitlose Verheißungen selbst überwinden. Andere können das Trauma mit der Unterstützung ihrer Familie und ihrer geistlichen Gemeinschaft oder mit der Hilfe eines ausgebildeten Therapeuten überwinden.

Trauma und PTBS[6] gehen Hand in Hand.[7] PTBS zeichnet sich durch ungewöhnliche Ängste, Flashbacks, Albträume, Hypervigilanz[8]

---

[5] „Was ist ein Trauma?“ Integrated Listening Systems, https://inte gratedlistening.com/what-is-trauma/; „Trauma Definition“, SAMHSA, https://web.archive.org/web/20140805161505/http://www.samhsa.gov/traumajustice/traumadefinition/definition.aspx

[6] Posttraumatische Belastungsstörung.

[7] „PSTD vs. Trauma“, Hope and Healing Center & Institute, https://hopeandhealingcenter.org/ptsd-vs-trauma/.

[8] Hypervigilanz ist ein Begriff aus der Psychologie und bedeutet erhöhte Wachsamkeit oder Wachheit (Wikipedia, 23.02.2023).

und andere Symptome aus. Personen mit PTBS werden möglicherweise hypervigilant, um Situationen zu vermeiden, die die emotionalen Flashbacks auslösen, zu denen sie neigen, was dazu führt, dass sie die traumatische Situation emotional wieder durchleben. Sie können auch ihre Umgebung ständig nach Anzeichen von Gefahr absuchen, weil sie sich nie sicher fühlen. Bei einigen hat dies schwerwiegende Auswirkungen auf ihre physiologische Chemie und versetzt sie in einen Zustand der Übererregung. Der ständige Alarmzustand beeinträchtigt oft ihre Fähigkeit zu schlafen. Wenn sie es schaffen, einzuschlafen, haben sie meist Albträume. Ihr Körper weiß nicht, wie er sich entspannen soll, und ihr Herzschlag kann die ganze Zeit über ungewöhnlich hoch sein und sich nicht beruhigen.

Es gibt auch *komplexe Traumata* (manchmal auch als komplexe PTBS bezeichnet), die durch „chronische Exposition gegenüber traumatischen Ereignissen über einen Zeitraum von Monaten oder sogar Jahren“ entstehen, wie z. B. lang anhaltender geistlicher oder sexueller Missbrauch in der Kindheit, lang anhaltender körperlicher oder emotionaler Missbrauch, Sexhandel, Kriegsgefangenschaft und Folter.[9] Zu den Symptomen einer komplexen PTBS gehören „erhebliche Schwierigkeiten bei der Regulierung von Emotionen, Phasen der Amnesie oder Dissoziation, Schwierigkeiten in Beziehungen, eine verzerrte Sicht in Bezug auf den Täter und Gefühle von Schuld, Scham oder mangelndem Selbstwert“.[10] Jemand mit komplexer PTBS kann „das Trauma aufdringlich wiedererleben, wie bei PTBS, aber dies ist mit extremeren Verzerrungen der Perspektive, Dissoziation oder größeren Problemen mit der emotionalen Stabilität verbunden.“[11]

Was sagt die Bibel über Traumata?

Hast du dir schon mal die Autotür auf den Finger geschlagen oder etwas Schweres auf deinen Fuß fallen lassen? *Autsch!* Deine erste Reaktion könnte eine schnelle, unwillkürliche Verzerrung deines

---

[9] „PSTD vs. Trauma“, Hope and Healing Center & Institute, https://hopeandhealingcenter.org/ptsd-vs-trauma
[10] Ibid.
[11] Ibid.

Gesichts als Reaktion auf den Schmerz sein, gefolgt von einer Art körperlicher Bewegung, um den Schmerz irgendwie aus deinem Körperteil zu vertreiben. Höchstwahrscheinlich ist deine Hand oder dein Fuß innerhalb weniger Tage nach dem Vorfall wieder verheilt, aber ich möchte mich auf das Gefühl konzentrieren, dass ein Teil von dir zerschmettert oder zerdrückt wurde. Wir erleben im Verlauf unseres Lebens viele solcher Schläge, die uns innerlich verletzen und vielleicht eine Stunde oder einen Tag lang emotionale Schmerzen verursachen, aber dann ist es vorbei und wir vergessen es und machen weiter. Wenn uns aber etwas extrem Schweres und Hartes trifft, das unser ganzes System überfordert, ist das, als würde ein Teil von uns von innen heraus zerquetscht.

Da war zum Beispiel ein junger Mann, der nicht nur das Leben und seine Familie liebte, sondern auch ein begeisterter Motorradfahrer war. Er hatte eine lebendige Beziehung zu Jesus, ging regelmäßig in den Gottesdienst und war mit einer fantastischen Frau verheiratet. Eines unglücklichen Tages fuhr er mit seinem Motorrad auf einer viel befahrenen Autobahn in eine Leitplanke, und zwar nicht aus persönlicher Fahrlässigkeit. Er trug seinen Helm und seine Schutzausrüstung, aber sein Kopf wurde beim Aufprall trotzdem zerquetscht. Der zerstörerische Schlag auf nur einen Teil seines Körpers tötete ihn vollständig. Diese Geschichte verdeutlicht, warum wir so viel innere Heilung, Befreiung und Traumabewältigung wie möglich erfahren müssen. Vielleicht bist du genauso funktionsfähig wie ich und führst ein äußerlich erfolgreiches Leben, ignorierst aber das Trauma in deinem Inneren. Dieser zerstörte Teil von dir kann jedoch alles zerstören, wenn du ihn weiterhin vernachlässigst und nichts dagegen unternimmst.

Marilyn Van Derber, die 1958 Miss Colorado und 1959 Miss America sowie eine Fernsehpersönlichkeit und Autorin war,[12] hatte ein Geheimnis, das sie sogar vor sich selbst geheim hielt, das sie aber zur Aufmerksamkeit zwang, als ihre Tochter fünf Jahre alt wurde: „Beginnend mit einem Zustand körperlicher Lähmung, begann Marilyn geistig und körperlich zusammenzubrechen. Später erkannte sie,

---

[12] Wikipedia, „Marilyn Van Derbur“, *Wikipedia, The Free Encyclopedia*, https://en.wikipedia.org/wiki/Marilyn_Van_Derbur

dass das Alter ihrer Tochter Gefühle über den Missbrauch ausgelöst hatte“, der begann, als auch sie fünf Jahre alt war.[13] Sie war eine Inzest-Überlebende und wurde von ihrem prominenten und wohlhabenden Vater zwischen ihrem fünften und achtzehnten Lebensjahr immer wieder vergewaltigt. Später fand sie heraus, dass auch ihre Schwester auf dieselbe Weise geschändet worden war. Sie hatte versucht, das zu überleben, indem sie ihre Vergangenheit ignorierte, aber sie ließ sich nicht ignorieren. Wovon sie in ihrer Kindheit (innerlich) zerschmettert worden war, kam wieder hoch und zerstörte fast ihr ganzes Erwachsenenleben. Schließlich ging sie an die Öffentlichkeit und erhielt viel Unterstützung. Danach widmete sie ihr Leben der Aufgabe, anderen Überlebenden zu helfen.[14]

Die gute Nachricht ist, dass du geheilt werden kannst. Jesus sagte: *„Der Geist des Herrn ruht auf mir, weil er mich gesalbt hat. Er hat mich gesandt, Armen die gute Botschaft zu bringen und Gefangenen die Freiheit. Ich soll Blinden sagen, dass sie sehen werden und Zerbrochenen, dass sie frei werden von Schuld“* (Lk 4,18 NeÜ). Das Wort, das in diesem Vers mit „frei werden von Schuld“ übersetzt wird, ist das griechische Wort *aphiesi*. Es bedeutet, „von den schädlichen Auswirkungen eines zerbrochenen und zerrütteten Lebens befreien“[15]. Das Wort, das mit „Zerbrochenen“ übersetzt wird, „stammt von dem griechischen Wort *tethrasamenous*, dem Partizip Perfekt Passiv von *thrauo*“, das „eine Person beschreibt, die vom Leben zerrüttet oder zerbrochen wurde“[16]. Es ist das Bild derjenigen, deren Leben ständig in Stücke zerteilt und zersplittert wurde. Beschreibt das dein Familienleben und wie du aufgewachsen bist? Wenn deine Familie missbräuchlich, süchtig oder zerstritten war, ist dies ein Wort, das die Folgen der zerrütteten Beziehungen, die du wahrscheinlich erlebt hast, in deinen Gefühlen beschreibt.

---

[13] „Marilyn Van Derbur – Du musst dich dem Terror stellen“, Darkness to Light, 12. März 2010, https://www.d2l.org/marilyn-van-derbur

[14] Ibid.

[15] Rick Renner, „Healing the Brokenhearted“, https://renner.org/devotionals/healing-the-brokenhearted

[16] Ibid.

In der Bibel lesen wir von Menschen, die einen zerschlagenen und zerbrochenen Geist erlitten haben. Ich glaube, das ist das Äquivalent zu unserem modernen Begriff *Trauma* und erklärt, wie es ist, innerlich zertrümmert, zerschmettert, zerschlagen und zerbrochen zu sein. Betrachte diese Verse:

Nahe ist der HERR denen, die zerbrochenen Herzens sind, und die zerschlagenen Geistes sind, rettet er (Ps 34,19).

Ein fröhliches Herz bringt gute Besserung, aber ein niedergeschlagener Geist dörrt das Gebein aus (Spr 17,22).

Ein fröhliches Herz macht das Gesicht heiter; aber beim Kummer des Herzens ist der Geist niedergeschlagen (Spr 15,13).

Eines Mannes Geist erträgt seine Krankheit; aber einen niedergeschlagenen Geist, wer richtet den auf? (Spr 18,14).

Eine heilsame Zunge ist ein Baum des Lebens; aber eine lügenhafte bringt Herzeleid (Spr 15,4 LUT).

Eine der beständigen Aktivitäten des Herrn in der Bibel ist es, zu suchen und zu sammeln, was auseinandergesprengt wurde, damit er es wieder zusammenbringen und ganz machen kann. Er wünscht sich Ganzheit für uns als Einzelne, als Familien und als Nationen. Als die Israeliten zum Beispiel „auseinandergesprengt" wurden, versprach er, jeden Einzelnen von ihnen zu finden, egal wie weit sie vertrieben worden waren, und sie als eine Nation wiederherzustellen (vgl. 5 Mose 30,3-4). Als Jesus die Menge speiste, indem er die wenigen Brote und Fische auf wundersame Weise vermehrte, befahl er seinen Jüngern: *„Sammelt die übrig gebliebenen Brocken, damit nichts umkommt!"* (Joh 6,12). Schließlich lesen wir im Buch Amos, was einen guten Hirten ausmacht. *„So spricht der HERR: Ebenso wie der Hirte aus dem Rachen des Löwen zwei Unterschenkel oder einen Ohrzipfel rettet, so werden die Söhne Israel gerettet werden, die in Samaria in der Ecke des Lagers sitzen"* (Amos 3,12).

Er ist darauf bedacht, alle Teile zu finden, sie zu sammeln und wieder zusammenzufügen – eine grundlegende menschliche Reaktion, wenn wir ein Puzzle auf dem Tisch liegen haben. Du kannst nicht anders, als die Teile zu suchen und sie an ihrem richtigen Platz zu ordnen. Gott sieht dich als Ganzes, auch wenn du gerade in Einzelteile zerlegt bist. Genau wie unsere natürliche Reaktion auf ein Puzzle ist er bestrebt, jedes zerbrochene, zersplitterte und zerrissene Stück von dir zu finden und es an seinen richtigen Platz zu bringen.

Verdrängte Erinnerungen: Tatsache oder Fiktion?

Ich versicherte mir immer wieder, dass ich, wenn ich weiter in meine seelische Gesundheit investierte, irgendwann Heilung „ernten" würde.[17] Ich hielt mich an ein biblisches Prinzip, das Gesetz von Saat und Ernte, weil die Therapie inzwischen zermürbend geworden war. Sexueller Missbrauch durch eine Frau war eine Art von Missbrauch, für die ich kein Raster hatte. Darüber wird fast nirgendwo gesprochen, und so fühlte ich mich in dem Kampf, diese alte, schwärende Wunde zu schließen, allein. Es brachte auch einen inneren Schmerz zum Vorschein, den ich nicht in Worte fassen konnte. Ich wusste, dass ich eine Entscheidung treffen musste, wie ich mit diesem Schmerz umgehen würde, und fragte mich, ob Medikamente die Antwort seien oder nicht. Normalerweise nehme ich nur selten Medikamente, aber es wurde immer schwieriger, Wege zu finden, die Schmerzen konstruktiv zu bewältigen. Ich entschied mich trotzdem, keine Medikamente zu nehmen, obwohl der emotionale Schmerz an viel zu vielen Tagen unerträglich war. Ich weiß, dass diese Art des Missbrauchs vorkommt, hatte aber nie gedacht, dass sie Teil meiner Geschichte sein könnte. Ich wusste nur, dass ich diese Frau zutiefst hasste und bis jetzt nicht gewusst hatte, warum.

Die Situation spitzte sich zu, als ich mir und meinem Therapeuten eine Frage stellte. „Ich frage mich, warum mein biologischer Vater und die Frau, die mit ihm verbunden war, beide pädophil waren?" Als ich diese Frage aussprach, hatte ich das Gefühl zu implodieren.

[17] *„Irrt euch nicht, Gott lässt sich nicht verspotten! Denn was ein Mensch sät, das wird er auch ernten"* (Gal 6,7). Obwohl es in diesem Vers um negatives und sündiges Säen und dessen Folgen geht, gibt es auch die entgegengesetzte Wahrheit, dass wir in die Dinge Gottes investieren und im Gegenzug seinen Segen und Nutzen ernten können.

Irgendetwas stimmte wirklich nicht, und ich hatte gerade die Büchse der Pandora geöffnet.

Langsam tauchten die grausigen Erinnerungsfetzen auf. Diese schockierenden Erinnerungen betrafen die abgrundtiefe Bosheit des organisierten Satanismus und der Zauberei, unzählige Szenen von Gewalt und ritueller Vergewaltigung, sogar ein Netzwerk für rituellen Missbrauch und Pädophilie in Hollywood (Kalifornien), und es ging weiter und immer weiter. Kein Wunder, dass ich das alles in meinem Unterbewusstsein vergraben hatte. Ich konnte das Böse und das, was mir von denjenigen angetan wurde, die mich eigentlich hätten beschützen sollen, nicht fassen. Jetzt hatte ich endlich einige Anhaltspunkte für die zerrütteten Bereiche meines Lebens, für die ich keine Antworten finden konnte.

Wenn Opfer komplexer Traumata beginnen, sich zu „erinnern", tauchen ihre Erinnerungen in der Regel nicht sauber oder chronologisch auf. Sie tauchen in kleinen Stößen auf, so wie Popcorn.[18] Ich zum Beispiel erinnerte mich über einen Zeitraum von mehreren Monaten an diese kurzen Informationshäppchen, die wie eine langsame Infektion an die Oberfläche kamen:

- *Im Raum ist es meistens dunkel. Kerzen.*
- *Die Erwachsenen singen in einer Gruppe.*
- *Ich bin sehr jung.*
- *Es gibt ein schreckliches Blutopfer.*
- *Ich werde als Kind vor dieser Gruppe vergewaltigt.*
- *Ich verliere mich irgendwo in meinem Kopf.*
- *Ich habe das Gefühl, dass ich gestorben bin.*
- *Ich verlasse meinen Körper.*
- *Hier gibt es keine Hoffnung.*

[18] Diane Langburg, „Complex Trauma: Understanding and Treatment", YouTube video, January 21, 2016, https://www.youtube.com/watch?v=otxAuHG9hKo&t=1230s, 21:33, 40:00, 41:54.

Es sind sehr kurze Erinnerungsfetzen ohne viele Details, die aber einige Familiendynamiken erklärten, die für mich nie einen Sinn ergeben hatten. Ich kann mich immer noch nicht an mein genaues Alter erinnern und auch nicht daran, wo das alles stattgefunden hat. Ich kann mich nicht an die Namen oder Details der beteiligten Personen erinnern. Ich erinnere mich nur an eine Person, die dabei war, und das war sie.

Es dauerte Monate, bis ich diese kurzen Erinnerungsfetzen verarbeitet hatte, und ich hatte gerade mal die Oberfläche angekratzt. Meine Identität und die Person, für die ich mich gehalten hatte, als ich aufwuchs, war völlig zerstört. Jedes Mal, wenn ich mich an ein weiteres kleines Detail erinnerte, bekam ich eine emotionale Kurzschlussreaktion und wollte mich wie Müll wegwerfen. Ich konnte die Informationen nicht akzeptieren und fragte mich die ganze Zeit, ob das überhaupt real war – eine ganz normale Reaktion. Gleichzeitig musste ich jeden Tag und manchmal von einem Moment auf den anderen die Entscheidung treffen, „das Leben zu wählen“.[19] Der Tod erschien mir als der perfekte Ausweg aus einem nicht enden wollenden Albtraum; aber Jesus hat den Tod am Kreuz besiegt, und emotional sollte ich das auch tun.

Erschwerend kam hinzu, dass es in der medizinischen Fachwelt eine heftige Kontroverse über wiedererlangte Erinnerungen gibt. Einige haben behauptet, sie seien gefälscht oder einem leicht beeinflussbaren Gemüt einfach nur suggeriert wurden.[20] Ich bin mir sicher, dass es

---

[19] *„So wähle das Leben, damit du lebst, du und deine Nachkommen“* (5 Mose 30,19).

[20] David J. Ley, Ph.D., „Forget Me Not: The Persistent Myth of Repressed Memories“, Psychology Today, 6. Oktober 2019. https://www.psychologytoday.com/us/blog/women-who-stray/201910/forget-me-not-the-persistent-myth-repressed-memories. Anmerkung der Autorin: Als ich die Referenzen dieses veröffentlichten Psychologen recherchierte, stellte ich fest, dass es sich nicht um jemanden handelt, der einen eindeutig christlichen Bezug hat. Das könnte der Grund dafür sein, dass er verdrängte Erinnerungen im Zusammenhang mit SRA für einen Mythos hält. Die Debatte über verdrängte Erinnerungen entstand in den 1990er Jahren und ist immer noch Gegenstand von Kontroversen. „Scientists and Practitioners Don't See Eye to Eye on Repressed Memory“, Association for Psychological Science, 13. Dezember 2013. https://www.psychologicalscience.org/news

solche Leute gibt, die ihre Horrorgeschichte aus seltsamen oder egoistischen Gründen gefälscht haben, oder dass ein Therapeut einem beeinflussbaren Patienten ein schreckliches Szenario suggeriert hat, das dieser glaubte und rücksichtslos weiterverbreitete. Ich selbst wüsste nicht, wie ich meine Geschichte hätte fälschen oder meinen Überschuss an klassischen Symptomen und lehrbuchmäßigen Kämpfen fabrizieren können. Hätte mir jemand diese Geschichte suggeriert, hätte ich sie abgelehnt. Sie ist zu schwer zu glauben, und ich würde niemals unzählige Stunden an Zeit, Energie und Geld für meine Genesung verschwenden. Diane Langberg, Seelsorgerin und Psychologin für Traumaüberlebende, schrieb: „Zahlreiche Studien haben belegt, dass Kinder oder Erwachsene nur selten über Missbrauch lügen. Wenn Opfer über Missbrauch lügen, dann in der Regel, um den Täter zu schützen und nicht, um ihn oder sie in Schwierigkeiten zu bringen.“[21]

Hinzu kamen die ignoranten Äußerungen einiger bekannter Geistlicher, die eine Botschaft des Leugnens predigen und sagen, man solle seine Vergangenheit vergessen und nur auf Jesus und seine Zukunft schauen. Für diejenigen unter uns, die sich erst im Erwachsenenalter an ihre Vergangenheit erinnern konnten, sind diese Bemerkungen sehr gefühllos und leugnen jeglichen Prozess, der zur Heilung notwendig ist. Eine Frau und Mutter, die schwere körperliche und emotionale Vernachlässigung sowie sexuellen Missbrauch überlebt hatte, suchte Hilfe bei ihrem Pastor. Der Pastor leugnete ihr Problem, ihren Schmerz und ihren Heilungsprozess, indem er antwortete: „Sollten Sie nicht längst darüber hinweg sein?“ Der Glaube an Jesus leugnet den Schmerz nicht, sondern sieht ihm direkt ins Auge, geht auf ihn zu und bewegt sich dann mit Hilfe des Heiligen Geistes durch ihn hindurch. Diane Langberg sagte auch: „Wir scheinen oft zu wollen, dass Menschen, die Schreckliches erlitten haben, einfach ‚darüber hinwegkommen‘. Das können sie nicht. Das Böse hat echte Auswirkungen und richtet echten Schaden an.“[22]

---

[21] Tweet@DianeLangberg, https://twitter.com/DianeLangberg/status/1387436562791735302.

[22] Tweet@DianeLangberg, https://twitter.com/DianeLangberg/status/1382302612805054470.

In all dem Durcheinander habe ich meinen Glauben an Gott nicht verloren. Sein Wirken, das ich in der Vergangenheit erlebt hatte, war zu mächtig dafür, und ich wusste, dass er meine einzige Antwort war. Gleichzeitig brachte ich ihm gegenüber jede kleinste Enttäuschung und Wut, die ich hatte, zum Ausdruck. Ich stellte sehr harte Fragen. Wir stehen in einer Beziehung zu Gott, und ein ehrlicher, authentischer Dialog ist Teil des Heilungsprozesses. Es ist gesund und normal, sich seine Wut, seinen Schmerz, seine Traurigkeit und Enttäuschung einzugestehen und auf seine Antwort zu warten. Er hat meinem Herz oft geantwortet, und ein ganz besonderes Mal sogar im Traum. Ich träumte, dass ich mit meinem schwarzen Sportwagen spät in der Nacht eine einsame, abgelegene Straße entlangfuhr. Ich hielt am Straßenrand an und begann im Mondlicht mit bloßen Händen im Dreck zu wühlen, um etwas Wichtiges zu finden, das ich vergraben hatte. Plötzlich tauchte ein Polizist auf und fragte mich, ob alles in Ordnung sei. Ich bemerkte, dass er ein hervorragend aussehender Mann war. Er sprach in einem beruhigenden Ton und sagte: „Ich bin sehr zuversichtlich, was Ihre Situation angeht." Als ich aufwachte, wusste ich, wer der Polizist war und spürte einen göttlichen Frieden. Es war Jesus. Ich habe ihn schon öfter in Träumen gesehen, und er ist immer atemberaubend.

Dieser Abschnitt war für dich vielleicht schwierig zu lesen, denn vielleicht hast auch du ein komplexes Trauma und meine Geschichte bringt Dinge an die Oberfläche, die für dich endlich real werden. Wenn das auf dich zutrifft, empfehle ich dir, dass du Kapitel 8 sorgfältig liest (vgl. den Abschnitt „Kannst du genesen?"). Du musst dir einen Plan machen, um heil zu werden und das beste Leben zu führen, das Gott für dich vorgesehen hat. Gott weiß, wie er Schönheit in die übelsten, hässlichsten Situationen bringen kann. Ich glaube, dass er das, was er im Traum zu mir gesagt hat, jetzt auch zu dir sagt. Er ist zuversichtlich, was deine Situation angeht, und weiß, wie er dich wieder zusammenfügen kann. Er ist der Herr, dein Heiler.

Vergeistliche nicht, was emotional ist

Haley, die erst zum zweiten Mal eine professionelle Beratung in Anspruch nahm, kam mit Verbänden, blauen Flecken und Schnittwunden in die Praxis ihrer Therapeutin, die sehr einfühlsam war und bei ihrem Anblick die Tränen zurückhalten musste. Sie bat sie zu schildern, was passiert war. Haley war noch nicht lange Christ. Sie wurde von häufigen Flashbacks über Folterungen und Albträume aus ihrer Kindheit geplagt und hatte vor kurzem einen Selbstmordversuch unternommen. Eine Gruppe wohlmeinender Frauen in ihrer Gemeinde hatte ihren Schmerz bemerkt und ihr angeboten, für ihre Heilung zu beten. Als eine der Frauen „dämonische Aktivitäten" feststellte und versuchte, ihr mit einem traditionellen Befreiungsgebet die bösen Geister auszutreiben, bekam Haley unkontrollierbare Angst.

Beim traditionellen Befreiungsgebet versucht jemand, einen Dämon aus einer Person auszutreiben. In einem christlichen Kontext legt der Beter oder die Beterin vielleicht seine oder ihre Hand auf die Person und sagt: „Ich befehle jedem Dämon (oder einem bestimmten Dämon), diese Person jetzt in Jesu Namen zu verlassen." Tragischerweise kann es vorkommen, dass unreife oder unerfahrene Menschen, die um Befreiung beten, die Person anschreien oder schubsen oder sehr gewaltsam vorgehen, um dies zu erreichen. Wenn du jedoch deine wahre geistliche Autorität in Christus kennst, musst du nichts erzwingen, um effektiv zu sein.

Haley verstand überhaupt nicht, was diese Frauen in ihrer Gemeinde taten. In ihrer Verzweiflung und blinder Panik sprang sie auf und versuchte verzweifelt, der Situation zu entkommen. Dabei übersah sie das durchsichtige Glasfenster, das ihren Fluchtweg versperrte, und durchschlug es. Das Fenster wurde komplett zertrümmert, genau wie Haleys Leben, und sie musste in einem nahe gelegenen Krankenhaus behandelt werden.[23]

Haley hatte nicht nur eine PTBS (mit Flashbacks und Albträumen), sondern war auch Überlebende eines komplexen Traumas und hatte

---

[23] Diese Geschichte stammt aus dem Buch von Heather Davediuk Gringich, *Restoring the Shattered Self. A Christian Counselor's Guide to Complex Trauma* (Downers Grove, Illinois, IVP Academic, n.d.), Kindle edition, 13.

in ihrer Kindheit geistlichen und sexuellen Missbrauch erlebt. Es gibt verschiedene Kategorien von Traumata, und ich werde im nächsten Abschnitt auf die Unterschiede eingehen. Seelsorger/innen für innere Heilung und Befreiung haben sich mit dem Traumatisiertsein beschäftigt und nach wirksamen Modellen und Methoden gesucht, um Heilung zu ermöglichen. Viele von ihnen hatten dabei einen gewissen Erfolg, aber es gibt immer noch Defizite und Lücken im gesamten Spektrum der Methoden der inneren Heilung und Befreiung. Wenn es um komplexe Traumata geht, also die tiefste Form von Traumata, besteht die Tendenz, das, was gleichzeitig emotional und physiologisch ist, zu vergeistlichen. Der Grund dafür ist ein Mangel an klinischer Ausbildung und Training. In Haleys Fall war das nicht etwas, das mit ein paar Gebetssitzungen geheilt werden konnte.

Bei der traditionellen Befreiung würde man Haleys Reaktionen so deuten, dass sie an einen dämonischen Geist der Angst oder etwas anderes gebunden ist. Dies basiert auf 2. Timotheus 1,7 (LUT), wo es heißt: *„Denn Gott hat uns nicht gegeben den Geist der Furcht, sondern der Kraft und der Liebe und der Besonnenheit."* Die Seelsorger würden dann versuchen, einen Dämon der Angst auszutreiben, in der Hoffnung, dass sie Erleichterung erfährt. Leider wird bei diesem eindimensionalen Befreiungsversuch die gesamte physiologische Struktur, die hinter ihren Reaktionen steht, ignoriert.

War Haley durch einen dämonischen Geist der Angst gebunden? Definitiv. Durch den Missbrauch in ihrer Kindheit war sie in ihrem Herzen und in ihrem Verstand „fest verdrahtet", immer Angst zu haben. Das führte dazu, dass sie mit irrationaler, kindlicher Angst überreagierte, sobald diese durch etwas in ihrer Umgebung ausgelöst wurde. In ihrem Fall wäre die traditionelle Methode der Befreiung keine vollständige Lösung für sie. Sie könnte ein Teil ihres allgemeinen Heilungsplans sein, sollte aber erst dann eingesetzt werden, wenn sie bereit ist und genau weiß, was getan wird und warum. Die tiefen physiologischen und historischen Wurzeln ihrer Angst hingegen müssten von jemandem angegangen werden, der darin geschult ist, neurologische Schäden zu heilen, die mit dieser Art von Missbrauch zusammenhängen, und das kann ein viel langsamerer Prozess sein.

Diese wohlmeinenden Frauen aus ihrer Gemeinde verstanden nicht einmal die ersten Schritte zur Heilung komplexer Traumata. Sie verletzten Haley und ihre Beziehung zu Gottes Gemeinde noch mehr, als sie sie emotional im Stich ließen, weil ihnen das Fachwissen für ihre Situation fehlte. Ich glaube, der Heilige Geist will eine viel gütigere Lösung für diese komplexen Fälle finden und die Defizite ansprechen, die sowohl im klinischen als auch im geistlichen Modell auftreten.

Fehlende Erinnerungen tauchen wieder auf

In den letzten zwei Jahren sind meine fehlenden Erinnerungen langsam, aber regelmäßig wieder aufgetaucht. Zuerst dachte ich, ich würde mir alles nur ausdenken. Das ist eine normale Reaktion. Allmählich kam ich aber zu dem Schluss, meine erschreckenden Erinnerungen könnten durchaus berechtigt sein, da ich eine Abneigung habe gegen Dramen, aufmerksamkeitsheischende Erzählungen und vor allem gegen die Verschwendung von Zeit, Geld und geistiger Energie in Heil- und Therapieeinrichtungen wegen etwas, das nicht den Tatsachen entspricht. Ich gehöre nicht zu den Menschen, die sich eine verrückte, filmreife Geschichte ausdenken, schon gar nicht eine, die mich völlig aus der Bahn geworfen und den Verlauf meines Leben geändert hat.

Als ich letztes Jahr eine Zoom-Sitzung mit einer Seelsorgerin für innere Heilung und Befreiung hatte, fragte sie nur dies: „Warst du Teil einer Art Netzwerk?“ Sie meinte damit etwas Okkultes, Organisiertes. Als sie das sagte, sah ich plötzlich nur noch verschwommen, dann wurde mir schwarz vor Augen, und schließlich wurde ich ohnmächtig. Mein Unterbewusstsein kannte die Wahrheit, aber ich schaltete trotzdem vor Schreck ab. Offensichtlich kam ich wieder zu mir, und wir beendeten die Sitzung mit einem einfachen Gebet. Zu diesem Zeitpunkt dachte ich, ich hätte bereits alles Okkulte aus meiner Vergangenheit (Mormonismus, Freimaurerei, Experimente im Teenageralter usw.) durchgebetet und hinter mir gelassen. Aber offenbar gab es noch mehr, viel mehr.

Als ich am nächsten Morgen in meinem Auto saß, hatte ich das schockierende Gefühl, meine Seele hätte sich im Inneren irgendwie in zwei Hälften gespalten. Ich weiß nicht, wie ich es besser erklären soll. Die Hälfte von mir, die sich abgespalten hatte, verlangte, dass ich nach Hollywood zurückkehre und dort mein Leben neu beginne. Ich spürte, wie dieses seltsame Wissen in mir hochkam, wohin ich gehen und wen ich finden und womit ich mich wieder verbinden sollte, und ich hatte keine Ahnung, woher dieses Wissen kam. Diese Erfahrung war sowohl psychisch als auch das Ergebnis einer alten Programmierung, die man gemeinhin mit rituellem Missbrauch in Verbindung bringt. Natürlich ließ die geerdete Hälfte von mir – die noch immer voll des Heiligen Geistes, des Wortes Gottes und seiner Weisheit war – nicht zu, dass ich törichterweise abhaute und alles verließ. Allerdings fing ich sofort an, unheimliche Stimmen zu hören und dämonische Geister zu sehen, und es fühlte sich an, als würde mich ein Seil wegziehen und mich in etwas zurückschicken, zu dem ich wohl einmal gehörte hatte, an das ich mich aber nicht erinnern konnte. Dieses Gefühl der „Spaltung" hielt nur wenige Tage an, und zum Glück hatte ich Menschen um mich herum, die für mich beteten, damit ich mich beruhigen und herausfinden konnte, was gerade passiert war.

Um die Sache noch seltsamer zu machen, begann ich in den nächsten Wochen in meinem Kopf einen Zauberspruch zu hören, der von jemandem ausgesprochen worden sein musste, der mit diesem Netzwerk verbunden war, was auch immer das sein mochte. Es war ungefähr so, als würde man in seinem Kopf ein altes Lied hören, das man früher im Radio gehört hatte. Dieser Zauberspruch war sehr poetisch und sprachlich ausgefeilt, nur war er mit der bösen Absicht formuliert und ausgesprochen worden, mich davon abzuhalten, mich an etwas zu erinnern, das jedoch nicht verborgen bleiben sollte. In seiner Güte beschloss der Heilige Geist, etwas aus meiner Vergangenheit ans Licht zu bringen, das mir immer noch schadete. Dies geschah zusätzlich zu meiner dissoziativen Amnesie, die für Überlebende komplexer Traumata normal ist.

Als ich diesen Zauberspruch in meinem Kopf erklingen hörte, wusste ich, dass ich das, wofür Jesus am Kreuz für uns bezahlt hat, geltend machen musste. Jesus hat uns von jedem Fluch befreit, indem er für uns zum Fluch wurde, aber Satan wird trotzdem versuchen, böse Flüche auf uns zu legen. Wenn das passiert, müssen wir geistliche

Unterlassungserklärungen abgeben. Deshalb habe ich meine Worte benutzt, um den Fluch zu brechen, der gegen meinen Verstand und meine Erinnerungen ausgesprochen worden war. Mehrere Bibelstellen lehren uns, dass unsere Worte Leben oder Tod bringen und Dinge bewirken können (vgl. Spr 18,21). Ich sagte laut vor dem Herrn und der geistlichen Welt: „Ich breche die Macht dieses Zauberspruchs, der gegen meine Erinnerungen ausgesprochen wurde, im Namen Jesu! Heiliger Geist, komm mit deinem herrlichen Licht und zeige mir, woran ich mich erinnern soll."

Der Heilige Geist sprach dann zu meinem Herzen, diese Sache den Ältesten unserer Gemeinde vorzutragen und ihren Gebetsschutz zu erbitten. In gesunden Gemeinden haben die Ältesten eine mächtige geistliche Autorität und sind in der Lage, die Gemeinde in verschiedenen Angelegenheiten wirksam zu unterstützen. Das ist vergleichbar mit Mose, der auf Anweisung des Herrn die siebzig Ältesten berief, damit sie die gleiche Salbung erhielten, die er trug, und in der gleichen Autorität leiten konnten, wie Mose es tat. Das ist ein Grund, warum wir angewiesen werden, zu den Ältesten der Gemeinde zu gehen, wenn wir krank sind und Gottes übernatürliches Eingreifen brauchen. Sie haben eine einzigartige geistliche Autorität und können dich mit Öl salben und dir die Hände auflegen. Die Bibel sagt, dass ihre glaubensvollen Gebete zu Gott dich heilen werden (vgl. Jakobus 5,14). Ich folgte der Anweisung des Heiligen Geistes, weil ich wusste, dass ich diese Art von geistlichem Schutz brauchte. Einige Dinge mussten aufgedeckt werden, und zum Glück stand uns eine starke Ältestenschaft zur Verfügung. Diese Reise wurde immer schwieriger, aber ich hatte das Gefühl, dass es für mich nun kein Zurück mehr gab. Ich konnte nur vorwärtsgehen und darauf vertrauen, dass der Heilige Geist mich erfolgreich hindurchführte.

Ich konnte nicht glauben, woran ich mich im Verlauf des vergangenen Jahres alles erinnerte. Diese Bruchstücke, Einblicke und Erinnerungsfetzen kamen immer wieder hoch und ich fühlte mich dann überwältigt sowie schmutzig, entehrt, vergewaltigt, wie Müll und so weiter und so fort. Mit Satanismus und Zauberei ist immer sexueller Missbrauch verbunden. Immer. Wie ich bereits sagte, gibt es innerhalb dieser okkultistischen Gruppen eine Vielzahl unterschiedlicher

Kreise, die vom satanischen Hexenzirkel in deiner Nachbarschaft bis hin zu echten Netzwerken reicher Fachleute reichen.

Mein leiblicher Vater gehörte zu einem Netzwerk von Männern, die sich in einem System organisiert hatten, um ihre kranken, rituellen Fetische zu befriedigen. Sie waren sowohl Pädophile als auch praktizierende Okkultisten, die in Hollywood und Umgebung arbeiteten oder wohnten. Ich wurde als junger Teenager von meinem leiblichen Vater in diesem Netzwerk zwangsprostituiert und ritualisiert. Ich erinnere mich an schicke Autos und Hotelzimmer und daran, dass ich unter Drogen stand. Ich war auch für eine kurze Zeit in einer Villa irgendwo in Südkalifornien untergebracht. Diese Villa war ein Ort, an dem das Netzwerk minderjährige Mädchen wie mich ritualisierte und vergewaltigte. Es war ein wahres Haus des Schreckens. Die Vergewaltigungen und Gewalttaten, die in diesem Umfeld stattfanden, sind unbeschreiblich.

Ich bin mir bewusst, dass in diesem Rahmen viel mehr passierte, als ich mich bewusst erinnern kann. Ich kann mich zum Beispiel nicht an die Namen meiner Peiniger oder an genaue Orte erinnern. Ich erinnere mich nur an Teile verschiedener Szenen, aber dann wird mein Kopf leer und ich kann mich nicht über einen bestimmten Punkt hinaus erinnern. So sieht ein komplexes Trauma aus, und deshalb kann man sich sehr unsicher fühlen, ob die Erinnerungen echt sind oder nicht. Ich habe gelernt, dass das, was real ist, bei dir bleibt und du dann alle Emotionen der Erinnerung erlebst, als wäre es gerade erst passiert. All diese Einblicke und Emotionen blieben mir erhalten, vor allem tiefe Schamgefühle, weil ich von meinem eigenen Vater ritualisiert und verhökert wurde. Ich weiß, dass es logischerweise nicht meine Schuld war, aber irgendwo, irgendwie glaubt man tief in seinem Herzen an die Lüge, dass es so war.

Ich habe schon oft gesagt, dass ich weiß, wie man geheilt werden kann, aber das hier hat sich als mehr als herausfordernd und schwierig erwiesen. Ich musste einen Weg aus der sexuellen Scham finden, für den ich kein Vorbild hatte. Die erste Hürde, die ich überwinden musste, war das Gefühl, allein zu sein. Um das klarzustellen: Ich fühlte mich nicht von Gott verlassen und hatte auch ein gutes System von Unterstützern. Ich fühlte mich nur so allein mit meiner Geschichte. Mein

Mann erinnerte mich an Elias Klage vor dem Herrn, als er in seiner Verzweiflung sagte: *„Ich allein bin übriggeblieben!"* (1 Kön 18,22). Der Herr antwortete Elia gnädig, dass er siebentausend andere wie ihn bewahrt hatte. Elia und diese siebentausend anderen waren nicht allein mit ihrer Geschichte, nur hatten sie sich noch nicht gefunden.

Bevor meine Erinnerungen zurückkehrten, definierte ich mich als erfolgreiche Autorin und Pastorin im Reisedienst, die Jesus liebte, sowie als Ehefrau und Mutter von zwei wunderbaren Kindern. Ich hatte mich selbst als Überwinderin bezeichnet und geglaubt, ich hätte die schlimmsten Teile meiner Vergangenheit bereits hinter mir gelassen. Jetzt habe ich herausgefunden, dass ich Satan unfreiwillig verpfändet wurde, in einem der berüchtigten satanischen Systeme Hollywoods gehandelt wurde und dann vom Netzwerk meines leiblichen Vaters mit perversen Zeremonien und rituellen Vergewaltigungen terrorisiert wurde. Infolgedessen nahm die sexuelle Scham in meiner Welt einen ganz neuen Stellenwert ein. Ich kannte niemanden, der so viel Erfolg hatte wie ich und dessen Erinnerungen auf diese Weise zurückkehrten und der sie überwinden konnte.

Meine Kämpfe mit den zurückgewonnenen Erinnerungen, der okkulten Programmierung und der sexuellen Scham waren erbittert. Es war sehr gut möglich, dass ich durchdrehen und zum Opfer werden würde, d. h. ich hätte in der Öffentlichkeit ein hässliches Versagen erleiden können. Ich musste alle meine Kreise, einschließlich unserer Gemeindeältesten, darüber aufklären, was zu tun war, wenn ich den Verstand verlieren und etwas Undenkbares tun würde, und ihnen dazu die Erlaubnis erteilen. Ich hatte jetzt eine viel bessere Vorstellung davon, warum manche Menschen in der Blüte ihres Lebens so schrecklich und öffentlich versagt hatten. Höchstwahrscheinlich hatte sie die Scham ihrer Vergangenheit eingeholt, und sie hatten sie vielleicht noch nicht verarbeitet oder sich nicht einmal daran erinnert. Also sagte ich den Ältesten, sie müssten meine Geschichte für mich publik machen, falls es jemals dazu kommen sollte.

Meine Therapeutin betonte, was für ein Wunder das sei. „Niemand mit deiner Geschichte hat es jemals in mein Büro geschafft", sagte sie. „Sie landen auf der Straße oder in speziellen sozialen Einrichtungen. Deshalb weiß ich, dass Gottes Hand über dir ist." Ich wurde noch entschlossener, einen Weg da heraus zu finden und vielleicht ein Vorbild für andere zu sein, die sich plötzlich im gleichen Schlamassel wiederfinden wie ich – vor allem für diejenigen, die einen öffentlichen Dienst haben, so wie ich.

Mein Gebet für dich

Heiliger Geist, ich bete für alle, die sich mit dem Thema Trauma identifizieren und sich durch dieses Kapitel hindurchgekämpft haben. Schenke ihnen jetzt große Gnade, vor allem denjenigen, bei denen etwas ausgelöst wurde und die vielleicht Schwierigkeiten haben, zu atmen oder überhaupt zu denken. Lass sie deine Umarmung spüren, deine tröstenden Worte hören und stärke sie jetzt in ihrem Inneren. Hilf ihnen, in den kommenden Tagen einen Plan zu entwickeln, der ihnen Heilung und Freiheit von dem Schmerz und dem Schrecken ihrer Vergangenheit bringt. Gib ihnen Flügel, damit sie weit über die emotionalen Ketten hinausfliegen können, die sie bisher gefangen gehalten haben. In Jesu Namen, Amen.

Reich-Gottes-Gedanken

1. Wenn es um komplexe Traumata geht, die tiefste Form von Traumata, besteht die Tendenz, das, was gleichzeitig emotional und physiologisch ist, zu vergeistlichen. Das liegt an der mangelnden medizinischen Ausbildung der meisten Seelsorger für innere Heilung und Befreiung.
2. Überlebende komplexer Traumata werden nicht in ein paar Gebetssitzungen befreit oder geheilt. Es ist ein viel langsamerer Prozess.
3. Ein Trauma schädigt dein Gehirn, aber dein Gehirn kann geheilt werden. In Christus kann dein Verstand erneuert werden, und du wirst Ruhe für deine Seele finden.
4. Trauma und PTBS gehen Hand in Hand. PTBS zeichnet sich durch ungewöhnliche Angstzustände, Flashbacks, Albträume, Hypervigilanz und andere Symptome aus.

5. Verdrängte oder „wiedererlangte“ Erinnerungen sind umstritten, wobei es sowohl Argumente für als auch gegen ihre Gültigkeit gibt. Du musst dich auf deine eigene Erfahrung verlassen und darauf vertrauen, dass der Heilige Geist dich in alle Wahrheit führt, wenn du dich mit fehlenden Erinnerungen beschäftigst.

Reich-Gottes-Fragen

1. Hast du jemals ein Trauma erlebt? Wie ist es dazu gekommen?
2. Was ist mit komplexen Traumata und PTBS, also einem vielschichtigen Trauma? Hast du das in deinem Leben erlebt? Wenn ja, wie würdest du es beschreiben?
3. Wenn es um innere Heilung und Befreiung geht, brauchen Überlebende komplexer Traumata einen anderen Ansatz als die traditionellen Modelle der inneren Heilung und Befreiung. Wie können wir ein freundlicheres Umfeld schaffen, um Menschen mit komplexen Traumata effektiver zu helfen?
4. Was sagt die Bibel über Traumata? Kann ein Trauma geheilt werden?
5. Hattest du oder eine Person, die du kennst, jemals mit wiedererlangten Erinnerungen zu tun? War sie in der Lage, das Geschehene zu verarbeiten und Heilung zu finden?

Kapitel 6

Befreiung von Kulten, Sekten und okkulten Praktiken

Estrellas Großmutter väterlicherseits und ihr Vater sowie andere Familienmitglieder praktizierten *Brujería* (Hexerei) und Santeria („eine Religion, in der Yoruba-Gottheiten mit römisch-katholischen Heiligen identifiziert werden“[1]). „Meine Großmutter hat meine Einweihung vorgenommen“, erklärte sie. „Als sie starb, fand man mein Babyfoto auf dem Altar in ihrem Zimmer hinter einem Buch mit dem Titel *The Bible According to Satan*[2]*.“* Estrella hat viele Befreiungsgebete hinter sich und kämpft trotzdem noch mit einigen gesundheitlichen Problemen, für die es keine Erklärung gibt. Glücklicherweise wurde sie von Skoliose, Krebs und Lähmungen geheilt und hat selbst nichts mit dem Okkultismus zu tun.

Debbie hat eine ganz andere Geschichte. Sie kannte und liebte Jesus schon als Kind und hatte auch eine prophetische Gabe, einschließlich der Fähigkeit, in den geistlichen Bereich zu sehen. Ihre Kirche hatte die Gaben des Heiligen Geistes verboten und ließ daher keinen Raum für die Entfaltung ihrer gottgegebenen Gaben. Im Erwachsenenalter wurde sie stattdessen eine professionelle Hellseherin – bis sie zu einer großen charismatischen Gemeinde kam und erkannte, dass sie eine prophetische Gabe von Gott hatte, die in der Bibel erwähnt wird. Debbie arbeitet jetzt in den Gebets- und Prophetenteams der Gemeinde mit und ist auch als Seelsorgerin für innere Heilung und Befreiung tätig.

---

[1] „Santeria (*n.*)“ *The Merriam-Webster.com Dictionary*, www.merriam-webster.com/dictionary/Santeria

[2] „Die Bibel laut Satan“.

Taryn schließlich wollte aus Rache und Vergeltung die Methoden der Magie erlernen. In ihrem Wunsch nach mehr Macht trat sie einem Hexenzirkel bei und wurde in Südafrika in Wicca eingeweiht. Wicca befriedigte ihr Verlangen aber nicht, weshalb sie sich mit der hohen Magie beschäftigte und am Rande des Satanismus war, als Gott durch ein prophetisches Wort eines Pastors in der Kirche ihrer Freundin in ihr Leben eingriff. Sie übergab ihr Leben Christus und brauchte viel innere Heilung und Befreiung, womit sie fast sofort begann.[3]

Was ist das Okkulte?

Das Okkulte (vom lateinischen Wort *occultus*, „heimlich, verborgen, geheim") bedeutet „verborgen" und bezieht sich im Allgemeinen auf das Streben nach einer Art Magie oder geheimem übernatürlichem Wissen oder Macht.[4] Genauso wie es Tausende von verschiedenen christlichen Kirchen mit unterschiedlichen Glaubensrichtungen und Praktiken gibt, gibt es, geschichtlich nachgewiesen, ebenso viele Varianten des Okkulten. Einige Beispiele sind *Brujería*, Nekromantie, Santeria, Satanismus, Schamanismus, Zauberei, Spiritismus, Voodoo, Wicca und Hexerei. Ein Okkultist kann Magie praktizieren, verschiedene Rituale durchführen, die Natur verehren, ungewöhnliche Feiertage begehen und die Toten oder andere Geister beschwören, entweder als Einzelperson oder in Zirkeln, Orden und Covens. Es gibt einen Unterschied zwischen einem Kult und dem Praktizieren des Okkulten, und beide können je nach Glaubensgrundsätzen und Praktiken von körperlich harmlosen Philosophien und Aktivitäten bis hin zu sehr gefährlichen Aktivitäten reichen. Nur um das klarzustellen: Das sind alles geistlich schädliche Praktiken, auch wenn sie für wohltätige Zwecke durchgeführt werden.

Eine andere Form von Kult, der sich in seiner Struktur unterscheidet, ist in der Regel eine religiöse Sekte, die sich um einen starken

---

[3] S. A. Tower, *From the Craft to Christ* (USA: Dwell Publishing, 2019), Kindle version, chapter 12.

[4] Wikipedia: „Occult", *Wikipedia, The Free Encyclopedia*, https://en.wikipedia.org/wiki/occult; „Cult or Occult?" English Plus, http://englishplus.com/grammar/00000205.htm.

Führer herum organisiert und Glaubenssätze oder Verpflichtungen verlangt, die für andere verwandte Gruppen untypisch sind (wie z. B. die Mormonen, Zeugen Jehovas, Scientology-Kirche, Satanskirche usw.).[5] Es gibt viele ausgewiesene Sekten, die sich als christlich bezeichnen und sich sogar auf die Bibel berufen, um ihre favorisierte Auffassung von Religion und Spiritualität zu begründen. Allerdings handelt es sich dabei um eine falsche Auslegung der Bibel, die aus dem Zusammenhang gerissene Bibelstellen zitiert oder andere angeblich inspirierte Literatur einbezieht. Nicht alle Sekten und Kulte sind physisch gefährlich. Sie sind jedoch alle trügerisch und wollen die Menschen davon abhalten, die Wahrheit des Evangeliums von Jesus Christus zu erkennen.

Das Folgende ist vielleicht etwas vereinfacht, aber in der Regel engagieren sich Menschen aus einer Handvoll Gründen in Sekten oder okkulten Praktiken:

1. Ihre unmittelbare Familie ist in einer Sekte oder führt okkulte Praktiken durch.
2. Sie haben übernatürliche Gaben des Heiligen Geistes, sind damit aber in christlichen Kirchen/Gemeinden nicht willkommen.
3. Sie wollen aus egoistischen Gründen oder als Reaktion auf eine Art von Missbrauch Macht ausüben.
4. Sie sind einfach nur neugierig.

Sowohl innere Heilung als auch Befreiung sind nötig, um Freiheit vom Okkulten zu erfahren. Wenn Befreiung angeboten wird, kann sie meiner Erfahrung nach ziemlich systematisch erfolgen. Das ist nicht immer so, aber in der Regel geht es recht methodisch und einfach zu. Aufgrund der Natur des Okkultismus und der Art und Weise, wie er geistlich agiert, ist Befreiung jedoch etwas, das geschehen muss und nicht ignoriert werden darf. Innere Heilung hingegen kann ein bisschen mehr Energie und Aufmerksamkeit erfordern, aber wir wollen zuerst über Befreiung sprechen.

---

[5] Ibid.

Wo fängt Befreiung an?

Jesus sagte Nikodemus, er müsse wiedergeboren werden, um das Reich Gottes erleben zu können. *„Nikodemus spricht zu ihm: Wie kann ein Mensch geboren werden, wenn er alt ist? Kann er etwa zum zweiten Mal in den Leib seiner Mutter hineingehen und geboren werden?"* (Joh 3,4). Jesus antwortete: *„Wahrlich, wahrlich, ich sage dir: Wenn jemand nicht aus Wasser und Geist geboren wird, kann er nicht in das Reich Gottes hineingehen. Was aus dem Fleisch geboren ist, ist Fleisch, und was aus dem Geist geboren ist, ist Geist. Wundere dich nicht, dass ich dir sagte: Ihr müsst von Neuem geboren werden"* (Joh 3,5-7).

Der Ausdruck „von Neuem geboren" oder „wiedergeboren" bedeutet „von oben geboren".[6] Nikodemus hatte ein echtes Bedürfnis. Er brauchte eine Veränderung seines Herzens – eine geistliche Verwandlung. Die neue Geburt, die Wiedergeburt, ist eine Handlung Gottes, durch die der Person, die glaubt, ewiges Leben geschenkt wird. Sünder sind geistlich „tot", aber wenn sie durch den Glauben an Christus geistliches Leben empfangen, vergleicht die Bibel dies mit einer Wiedergeburt. Nur denjenigen, die wiedergeboren sind, werden ihre Sünden vergeben und sie werden durch das Vertrauen auf den Namen Jesus Christus zu Kindern Gottes.[7]

Hier beginnt die Befreiung – bei der Wiedergeburt. Dein geistlicher Mensch wird vom Heiligen Geist erfüllt und somit vom Geist Gottes in Besitz genommen. Gleichzeitig gibt es, schon allein deshalb, weil du die Bestimmung deines Geistmenschen geklärt hast, Vereinbarungen und Bündnisse, die annulliert und gebrochen werden müssen, oder sie werden irgendwann von deinen geistlichen Feinden gegen dich verwendet werden. Ich möchte dir anhand einiger natürlicher Beispiele erklären, wie das funktioniert. Wenn du wiedergeboren bist und ein Haftbefehl gegen dich vorliegt, wird dieser nicht aufgehoben, nur weil du dein Leben Jesus übergeben hast. Wenn du das nächste Mal einem Polizisten begegnest, wirst du wahrscheinlich

---

[6] „What Does It Mean to Be a Born-Again Christian?" Got Questions, https://www.gotquestions.org/born-again.html.
[7] Ibid.

verhaftet und ins Gefängnis gesteckt. Ein anderes Beispiel sind deine natürlichen, irdischen Verträge. Wenn du eine noch nicht abbezahlte Hypothek hast, wird der Vertrag, den du unterschrieben und dem du zugestimmt hast, nicht dadurch hinfällig, dass du wiedergeboren wurdest. Im Bereich des Natürlichen ist uns das klar, wir glauben aber allzu oft, es würde sich anders verhalten, wenn es um unsere Vereinbarungen und Bündnisse geht, die wir durch unsere früheren okkulten Aktivitäten und Praktiken mit Dämonen geschlossen haben.

Befreit von einem Geist der Zauberei

Ich selbst wurde etwa ein Jahr, nachdem ich mein Leben Jesus übergeben hatte, von einem Dämon befreit. Das war eine sehr kontroverse Situation, da meine Gemeinde nicht glaubte, dass ein echter Christ eine dämonische Manifestation haben kann oder überhaupt Befreiung braucht. Sie dachten: *Wenn dir das passiert ist, dann bist du eigentlich gar nicht gerettet worden.* Ich habe meine Befreiungsgeschichte schon oft erzählt und auch in einigen meiner früheren Bücher darüber geschrieben. Deshalb hier die Kurzversion, um dir den Kontext zu verdeutlichen.

Während meines ersten Jahres am College begegnete ich dem wahren Jesus auf eine sehr mächtige, lebensverändernde Weise, als ich am Sonntagmorgen einen christlichen Gottesdienst besuchte. Ich war in der Mormonenkirche, auch bekannt als „Kirche Jesu Christi der Heiligen der Letzten Tage“ bzw. „HLT“[8] aufgewachsen, hatte aber aufgrund schwerer persönlicher und familiärer Probleme aufgehört, sie zu besuchen. Die christliche Kirche, deren Gottesdienst ich damals besuchte, war eine Pfingstkirche der alten Schule, die im krassen Gegensatz zu den extrem ruhigen, sehr gedämpften Sonntagsversammlungen der HLT-Kirche stand. In diesem Gottesdienst übergab

[8] Die „Kirche Jesu Christi der Heiligen der Letzten Tage“ (HLT) ähnelt äußerlich dem Christentum, unterscheidet sich aber in ihrer Theologie stark von ihm. Sie gilt als Sekte, weil sie an einen anderen Jesus glaubt als in der Bibel steht. Um die wichtigsten Unterschiede zwischen dem Christentum und der HLT besser zu verstehen, lies Anhang A in meinem Buch *The Intercessors Handbook.*

ich mein Leben Christus und wurde innerhalb weniger Augenblicke auch im Heiligen Geist getauft und erhielt meine Gebetssprache.[9]

Mein erstes Jahr im Herrn war absolut himmlisch. Ich hatte ein tiefes Gefühl von Gottes Gegenwart und spürte, dass er meinen Weg führte. Ich hatte auch eine kleine charismatische Gemeinde gefunden, die ich eine Zeit lang besuchte. Mein geistlicher Weg änderte sich jedoch merklich, nachdem ich eine übernatürliche Warnung vom Herrn erhalten hatte, es sei notwendig, dass ich meine geistliche Autorität einsetze. Ich wusste nicht, was das bedeutete, aber ich weiß, dass er mich rechtzeitig gewarnt hatte. Eines führte zum anderen, und während eines Gebetstreffens, etwa ein Jahr nach meiner Bekehrung zu Christus, sagte eine Frau zu mir: „Ich sehe einen Geist der Zauberei über dir." Als sie ihre Vision aussprach, hob mich etwas hoch und warf mich gegen die Wand. Daraufhin hatte ich eine Art starken epileptischen Anfall mit dämonischen Manifestationen, bei dem ich heftig zitterte und dämonische Stimmen aus meinem Mund kamen. Leider war diese Gebetsgruppe nicht in der Lage, mich zu befreien, und meine Gemeinde ignorierte mein Bedürfnis nach Hilfe einfach, weil sie sich meine Erfahrung nicht erklären konnte.

Es war eine schreckliche Tortur, auf mich allein gestellt zu sein und das alles herauszufinden. Ich wurde wochenlang geistlich gequält, aber der Heilige Geist ließ mich nicht im Stich. Er lehrte mich, wie ich meine geistliche Autorität einsetzen kann. Als der Dämon in meinem Schlafzimmer auftauchte, um mich erneut zu quälen, forderte mich der Heilige Geist auf, ihn direkt anzusprechen und mit Autorität zu sagen: „Ich werde dir nicht dienen. Ich werde nur dem Herrn Jesus Christus dienen." Seine Salbung auf meinen Worte zerbrach das Joch und ich wurde nie wieder von dem Dämon gequält.

---

[9] „Wenn du im Heiligen Geist getauft wirst, wirst du in einer ganz neuen Sprache sprechen; nur ist es eine himmlische Sprache, keine natürliche." Eivaz, *Glory Carriers,* S. 19. Weitere Anleitungen zum Erhalt deiner Gebetssprache findest du im Anhang von *Glory Carriers* mit dem Titel „Deine geistliche Sprache durch die Taufe im Heiligen Geist erhalten".

Christen und dämonische Besessenheit

Viele Menschen fragen sich: *Kann ein Christ von Dämonen besessen sein?* Der folgende Text ist ein Auszug aus dem Anhang meines Buches *Seeing the Supernatural*[10].

Es ist ein großer Mythos zu glauben, Christen könnten nicht dämonisiert sein. Beachte aber, dass ich das Wort *dämonisiert* und nicht das Wort *besessen* verwende. Daher kommt nämlich die meiste Verwirrung in diesem Bereich. Wir haben *Besessenheit* mit *Dämonisierung* verwechselt, aber das sind zwei verschiedene Dinge.

Derek Prince erklärte seinen Einwand gegen die Verwendung der Bezeichnung „von Dämonen besessen" in bestimmten Bibelstellen mit der Begründung, es handele sich um eine Fehlübersetzung, wie zum Beispiel in diesem Vers: *„An diesem Abend nach Sonnenuntergang brachte das Volk alle Kranken und Besessenen zu Jesus"* (Mk 1,32).

Er sagte: „Das Wort *besessen* lässt einen denken, jemand sei im Besitz eines Dämons. Ich glaube aber nicht, dass ein wiedergeborener, aufrichtiger Christ von einem Dämon besessen sein kann … aber das griechische Wort, das hier verwendet wird, kann und sollte einfach mit *dämonisiert* übersetzt werden."

Er fuhr fort zu erklären, viele wiedergeborene Christen seien immer noch dämonisiert. Er sagte, es gebe Bereiche in ihrer Persönlichkeit, die der Heilige Geist noch nicht vollständig unter Kontrolle habe, weil es einen Dämon gebe, um den man sich noch kümmern müsse[11] …

Es bleibt also die Frage, wie viel eines Christen ein Dämon besitzen kann? Um das zu untersuchen, müssen wir zunächst erkennen, dass wir alle aus drei Teilen bestehen: Geist, Seele und Körper. Wenn Jesus in dein Leben kommt, kommt er in deinen Geist und

---

[10] Jennifer Eivaz, *Seeing the Supernatural* (Minneapolis: Chosen, 2017), 151. Auch unter https://www.jennifereivaz.com/2019/12/02/can-a-christian-be-demon-possessed-2/ verfügbar.

[11] „Derek Prince: War on Earth", YouTube video, 10:10, posted by Filip Peoski, September 8, 2008, https://www.youtube.com/watch?

lässt sich dort nieder. Paulus schrieb an die Galater: *„Ich bin mit Christus gekreuzigt worden. Nicht mehr ich lebe, sondern Christus lebt in mir“* (Gal 2,19b-20a). Ich glaube, Charles H. Kraft, Präsident und Gründer von *Deep Healing Ministries,* bringt es am besten auf den Punkt: „Ein Dämon kann nicht im Geist eines Christen leben – also im zentralen Kern der Person, dem Teil, der starb, als Adam sündigte –, weil Jesus jetzt dort lebt.“

Wie kann jemand also wissen, ob er unter dem Einfluss von Dämonen steht oder nicht? Ich gebe zu, dass Diskussionen wie diese Menschen an ihrem geistlichen Zustand zweifeln lassen können, wenn sie nicht stark im geschriebenen Wort verwurzelt sind und nicht wissen, wer sie in Christus sind. Es kann auch den Eindruck erwecken, die Befreiung von Dämonen sei immer ein großer Kampf …

Ich habe schon oft erlebt, dass Christen mit minimalen Manifestationen von Geistern in ihrer Seele wie Ablehnung, Angst, Selbsthass, Lust, Qualen usw. befreit wurden, nachdem sie Buße getan, dem Geist abgeschworen und ihm befohlen hatten, zu gehen. Wenn es eine Manifestation gibt, kann es ein Seufzen, ein Husten, ein Schütteln oder ein Zucken geben, wenn der Geist sie verlässt, was ein Zeichen dafür ist, dass sie frei von ihm sind. Dennoch wird es andere Gläubige geben, bei denen die Manifestation viel stärker ausfällt, und darauf müssen wir vorbereitet sein, ohne daraus eine Formel für Befreiung zu machen.

Was mich betrifft, so wurde meine persönliche Befreiung von einem Geist der Zauberei zur Grundlage für einen gesalbten Befreiungsdienst in meinem Leben für diejenigen, die unter geistlicher Gebundenheit leiden. Diese Salbung bildete auch die Grundlage dafür, dass ich einen Dienst für strategische geistliche Kampfführung bekam, eine Art Fürbitte, die Regionen und Nationen Befreiung bringt.

Brich deine dämonischen Bündnisse

Ich habe eine einfache Liste von Dingen zusammengestellt, wovon diejenigen im Allgemeinen Buße tun und sich lossagen müssen, die in Kulten oder Sekten waren oder sich mit okkulten Praktiken befasst haben. Das ist die Seite der Befreiung, die nötig ist, um sich vom Okkultismus zu befreien. Noch einmal: Biblische Buße bedeutet, sich von etwas abzuwenden und zu Gott zurückzukehren. Es bedeutet auch, dass du deinen Sinn, dein Gedankenleben, änderst. Sich von etwas loszusagen bedeutet, es abzulehnen, es zu verleugnen und sich zu weigern, weiter damit in Verbindung zu stehen.[12] Bedenke, dass es viele Nuancen gibt, die du bei deiner persönlichen Befreiung vom Okkultismus beachten musst. Hier folgt eine allgemeine Liste, mit der du beginnen kannst:

1. Wenn du einem Kult oder einer Gottheit rituell geweiht warst, musst du dich „entweihen", also davon lossagen.
2. Wenn du dir im geistlichen/spirituellen Bereich etwas geöffnet hast, musst du es schließen (z.B. ein Portal, ein drittes Auge usw.).
3. Wenn du durch ein Ritual oder Opfer ein Bündnis mit einem Dämon eingegangen bist, musst du diesen Bund brechen.
4. Wenn du durch ein Ritual oder Opfer ein Bündnis mit einer Person eingegangen bist, musst du diesen Bund brechen.
5. Wenn ein Dämon entweder mit Zustimmung oder mit Gewalt durch ein Ritual oder ein Opfer Besitz von dir ergriffen hat, musst du widerrufen, dass du ihm gehörst.
6. Wenn eine Person entweder mit ihrer Zustimmung oder mit Gewalt durch ein Ritual oder ein Opfer Besitz von dir ergriffen hat, musst du widerrufen, dass du ihr gehörst.
7. Wenn du jemanden mit einem Zauberspruch, einer Verhexung oder einem Fluch belegt hast, musst du das widerrufen.
8. Wenn du in irgendeiner Form Wahrsagerei oder Hellseherei praktiziert hast, musst du Buße tun und dich davon lossagen.
9. Wenn du in irgendeiner Form Kontakt zu den Toten aufgenommen oder Rituale im Namen der Toten durchgeführt hast, musst du Buße tun und dich davon lossagen.

---

[12] „Renounce meaning" („Bedeutung von Lossagen"), Your Dictionary, https://www.yourdictionary.com/renounce.

10. Wenn du zu deinen Vorfahren gebetet oder dich an sie gebunden hast, musst du Buße tun und der Ahnenverehrung abschwören.
11. Wenn du irgendwelche Gegenstände für die Zwecke der Hexerei benutzt hast, musst du sie zerstören, falls du sie noch hast. Dazu gehören z. B. Schmuck, Bücher und Literatur.
12. Wenn du Zauberei benutzt hast, um deine menschliche Gestalt zu verändern (z. B. in einen Gegenstand oder ein Tier), musst du Buße tun und dich davon lossagen.
13. Wenn du Astralprojektion[13] praktiziert hast, musst du Buße tun und dich davon lossagen.

Es gibt mehrere Dinge, von denen Menschen im Allgemeinen Befreiung brauchen, aber nicht alle geistlichen Probleme werden auf dieselbe Weise behandelt. Zum Beispiel wird die Befreiung von einem Geist des Stolzes[14] anders gehandhabt als die Befreiung von einem Geist der Gebrechlichkeit[15]. Von bestimmten Sünden umzukehren, die der geistlichen Unterdrückung Tür und Tor geöffnet haben, und dann Menschen zu vergeben, die dir geschadet haben, sind die wichtigsten Werkzeuge, die eine erfolgreiche Befreiung untermauern, aber die Vorgehensweise, um die verschiedenen Probleme zu lösen, ist nicht immer gleich. In den kommenden Kapiteln wirst du mehr über diese Unterschiede erfahren und verstehen. Was jedoch das Okkulte angeht, scheint es die Menschen und ihre Familien durch starke Besitzansprüche in seinen Bann zu ziehen. Es ergreift die Kontrolle durch Widmungen, Bündnisse, Vereinigungen und bewusste Bindungen. Dies ahmt Gottes tiefe Verbundenheit mit seinem Volk nach, allerdings für schändliche Zwecke.

---

[13] „Die Fähigkeit des Geistes eines Menschen, an weit entfernte Orte zu reisen"; „Astral projection (*n.*)", *The Merriam-Webster.com Dictionary*, https://www.merriam-webster.com/dictionary/astral%20projection.

[14] *„Denn Gott hat uns nicht gegeben den Geist der Furcht, sondern der Kraft und der Liebe und der Besonnenheit"* (2 Tim 1,7 LUT).

[15] *„Und siehe, da war eine Frau, die achtzehn Jahre einen Geist der Schwäche hatte; und sie war zusammengekrümmt und völlig unfähig, sich aufzurichten"* (Lk 13,11).

Eine unheilige Fälschung

Um zu verstehen, wie okkulte Ansprüche und Bindungen funktionieren, musst du dir überlegen, was sie fälschen. Sie sind eine trügerische Parallele zum Bild der Ehe, das im Denken der israelitischen Nation in ihrer Beziehung zu Gott fest verankert ist. Gott hat sich Israel als fürsorglicher Ehemann zugewandt, aber dann erhob er Anklage gegen Israel wegen weit verbreiteter „Prostitution“ und „Ehebruch“, weil sie mit anderen Göttern und Dämonen Götzendienst gegen ihn betrieben.[16] Die gegen Israel erhobenen Anklagen plagten die damaligen Bewohner des Landes und auch die zukünftigen Generationen.[17] Dennoch versprach Gott, er werde das ganze Volk Israel und seine Kinder zu sich zurückzubringen, weil es ihm gehörte.[18] Diese Ehe-Metapher, die eigentlich eine verbindliche geistliche Wahrheit ist, wird vom Okkultismus und den Dämonen, die ihre Praktiken durch menschliche Vertreter ausüben, stark nachgeahmt. Diese Dämonen versuchen, dich durch verpflichtende Bündnisse in ihren Besitz zu bringen, woraus sich auch der Besitz deiner Kinder und Kindeskinder ableiten lässt – so lange, bis jemand das Werk der Befreiung tut. Wenn du dich deinem dämonischen Bund widersetzt oder ihn verlässt, werden die involvierten Dämonen oder ihre menschlichen Agenten versuchen, dich durch Zwang oder Gewalt zu halten oder zu

---

[16] *„... nicht wie der Bund, den ich mit ihren Vätern schloss an dem Tag, da ich sie bei der Hand ergriff, um sie aus dem Land Ägypten herauszuführen; denn sie haben meinen Bund gebrochen, obwohl ich doch ihr Eheherr war, spricht der HERR“* (Jer 31,32 SLT); *„Denn dein Gemahl ist dein Schöpfer ...“* (Jes 54,5).

[17] *„Du sollst dich vor ihnen nicht niederwerfen und ihnen nicht dienen. Denn ich, der HERR, dein Gott, bin ein eifersüchtiger Gott, der die Schuld der Väter heimsucht an den Kindern und an der dritten und vierten (Generation) von denen, die mich hassen“* (5 Mose 5,9).

[18] *„Siehe, Tage kommen, spricht der HERR, da schließe ich mit dem Haus Israel und mit dem Haus Juda einen neuen Bund: nicht wie der Bund, den ich mit ihren Vätern geschlossen habe an dem Tag, als ich sie bei der Hand fasste, um sie aus dem Land Ägypten herauszuführen – diesen meinen Bund haben sie gebrochen, obwohl ich doch ihr Herr war, spricht der HERR. Sondern das ist der Bund, den ich mit dem Haus Israel nach jenen Tagen schließen werde, spricht der HERR: Ich lege mein Gesetz in ihr Inneres und werde es auf ihr Herz schreiben. Und ich werde ihr Gott sein, und sie werden mein Volk sein“* (Jer 31,31-33).

einem späteren Zeitpunkt zu dir und deinen Kindern zurückzukommen. Befreiung ist also die Art und Weise, wie du eine geistliche „Scheidung“ mit den Geistern vollziehst, an die du dich gebunden hast, dadurch dass du dich in der einen oder anderen Form auf verschiedene okkulte Praktiken eingelassen hast.

Viele Theologen beschreiben den Bund auf dem Berg Sinai (vgl. 2 Mose 19-24) als die offizielle Hochzeit zwischen Gott und den Israeliten. Hier lädt er das gesamte israelitische Volk ein, sich seiner Gegenwart zu nähern, die den ganzen Berg bedeckt hatte, und dann seine Anweisungen und Verheißungen zu hören. „Wenn in der Bibel von einem Bund die Rede ist, ist damit eine feste, feierliche Vereinbarung zwischen zwei Parteien gemeint“,[19] in diesem Fall zwischen Gott und dem Volk Israel. Um das klarzustellen: Ein Bund verbindet zwei Parteien, beinhaltet Versprechen, bezieht Familien und Blutlinien mit ein, hat starke geistliche Auswirkungen und kann nicht leicht gebrochen werden.[20] Der Bund, der mit Israel geschlossen wurde, war ein Bund mit Gottes Gegenwart und seinen Geboten und Verheißungen. Es war ein Vertrag, der den Israeliten Segen brachte, wenn sie ihn einhielten, aber schreckliche Folgen hatte, wenn sie ihn nicht einhielten.

Gott, der alles mit einem Wort erschaffen hat und das Wort ist, hat durch dasselbe, seine Worte, einen Bund mit uns geschlossen. Dies ist das geistliche Gesetz, das die Dämonen benutzen, um dich zu binden. Um deine Vereinbarungen mit diesen Geistern zu brechen, musst du daher deine Worte benutzen und laut sagen, wovon du dich lossagst.

Im Gebet zur Befreiung von okkulten Dämonen oder bei anderen Problemen benutzen wir immer den Namen Jesus. Als Gläubige an ihn haben wir das Recht, seinen Namen im Gebet zu benutzen und Befreiung von Dämonen zu bringen. *„In meinem Namen werden sie die Dämonen austreiben ...“* (Mk 16,17). In seinem Namen liegt Macht.

> *Darum hat Gott ihn auch hoch erhoben und ihm den Namen verliehen, der über jeden Namen ist, damit in dem Namen Jesu jedes*

---

[19] Jeffrey Kranz, „What's a Covenant? A Quick Definition and Overview“, The Beginner's Guide to the Bible, October 20, 2013, https://overviewbible.com/covenant/

[20] Ibid.

Knie sich beugt, der Himmlischen und Irdischen und Unterirdischen, und jede Zunge bekennt, dass Jesus Christus Herr ist, zur Ehre Gottes, des Vaters (Phil 2,9-11).

In seinem Namen liegt nicht nur Macht, sondern selbst die widerspenstigsten Dämonen müssen seinem Namen gehorchen, wenn ein Kind Gottes ihn benutzt.[21]

Das folgende (und auch hinten im Buch aufgeführte) Gebet ist ein einfaches, aber effektives Gebet der Buße und der Abkehr vom Okkulten:

Im Namen Jesu tue ich Buße[22] *für alle okkulten Rituale, die von mir oder meinen Vorfahren durchgeführt wurden. Ich sage mich los von allen Weihen, die ich oder meine Vorfahren gegenüber Kulten, Sekten, Sektenführern und ihren Dämonen durchgeführt haben. Ich breche alle widergöttlichen und verpflichtenden Bündnisse, die mit Kulten, Sekten und okkulten Praktiken verbunden sind, sowohl mit Dämonen als auch mit Menschen. Ich breche jeden Anspruch auf mein Leben oder meine Familie durch dämonische Rituale, Weihen und gottlose Bündnisse. Ich weihe mich und meine Familie vollständig der Herrschaft von Jesus Christus. Heiliger Geist, ich lade dich jetzt ein, in Jesu Namen der bestimmende Geist über mein Leben und meine Familie zu sein.*

Während du dieses Gebet der Buße/Reue und Lossagung sprichst, zähle so gut du kannst die spezifischen Praktiken, die spezifischen Kulte und die Namen der Dämonen, Gottheiten und Menschen auf, an die du dich oder deine Familie gebunden hast. Du kannst darüber nachdenken, dies zusammen mit einem reifen christlichen Freund oder einem christlichen Gebetsseelsorger zu tun, falls es eine Manifestation gibt, die bei dir persönlich oder in deiner physischen Umgebung auftritt. Manche, die dabei waren, vom Satanismus frei zu werden, haben zum Beispiel erlebt, dass Gegenstände in ihrem Haus oder

---

21 *„Dies aber tat sie viele Tage. Paulus aber wurde unwillig, wandte sich um und sprach zu dem Geist: Ich gebiete dir im Namen Jesu Christi, von ihr auszufahren! Und er fuhr aus zu derselben Stunde“* (Apg 16,18).

22 Im Sinne von „bereue ich und wende mich davon ab“.

in ihrer Umgebung sich auf übernatürliche Weise bewegt haben. Andere, wie ich selbst, haben erlebt, dass Dämonen ihren Anspruch nicht aufgeben wollten und dass damit ein geistlicher Kampf verbunden war. Wenn das passiert, musst du dich verpflichten, es bis zum Ende durchzuarbeiten, bis sich die Freiheit manifestiert, denn sie gehört dir in seinem Namen.

Hier eine Liste mit gängigen okkulten Praktiken:

- Astrologie
- Chakra lesen
- Channeling
- Amulette / Talismane / Glücksbringer
- Hellseherei
- Kaffeesatzlesen
- Wahrsagerei
- Verzauberungen
- Außersinnliche Wahrnehmung (ASW)
- Zukunft vorhersagen
- Auf Gräbern liegend Kontakt mit Verstorbenen suchen
- Hexen
- Horoskope
- Götzenanbetung
- Beschwörungen und Zaubersprüche
- Magie (alle Formen)
- Medien
- Naturanbetung
- Totenbeschwörung
- Omen
- Ouija-Bretter
- Handlesen
- Parapsychologie

- Hellseherische Lesungen
- Psychokinese
- Reiki
- Opfer (alle Arten von Opfern)
- Séancen
- Energie senden
- Zauberei
- Geistführer
- Benutzung von Ritualgegenständen
- Tarot-Karten
- Teeblätter lesen
- Telepathie
- Transzendentale Meditation
- Hexerei
- Zauberei
- Yoga

Mit diesem Gebet kannst du beginnen, aber aufgrund der Natur des Okkulten musst du so spezifisch wie möglich sein. Die innere Heilung von Kulten/Sekten und okkulten Praktiken wird je nach dem Kontext des Kults und der Erfahrung des Einzelnen unterschiedlich verlaufen. Kulte benutzen Kontrollmethoden und bestimmte mentale und emotionale Strategien, um ihre Anhänger zu kontrollieren. Wenn das auf dich zutrifft, musst du mit Hilfe des Heiligen Geistes und idealerweise mit der Unterstützung einer stabilen Gemeinschaft von Freunden oder deiner Familie die Lügen entschlüsseln, die dein Herz beherrscht haben. Zu deinen Zielen sollte gehören, denen zu vergeben, die dich kontrolliert haben, und dir selbst zu vergeben, dass du diese Kontrolle zugelassen hast. Als Nächstes solltest du lernen, gesunde Grenzen zu ziehen, damit du die Pläne Gottes mit dir frei ausleben kannst, während du dein Denken und dein Leben zurückeroberst.

Auch die innere Heilung von okkulten Praktiken ist von Person zu Person unterschiedlich und sehr vielschichtig. Manche haben sich auf okkulte Praktiken eingelassen, weil sie neugierig waren. Andere haben es getan, weil sie sich mächtig fühlen wollten. Wenn das auf dich zutrifft, würde die innere Heilung sich damit befassen, was deine Neugierde auf das Okkulte oder dein Bedürfnis nach geistlicher Macht angetrieben hat. Innere Heilung hätte dann das Ziel, dein Herz wieder auf Jesus, die Quelle aller Wunder und Macht, auszurichten. Wenn du Überlebende(r) von satanischem rituellem Missbrauch bist oder so jemand kennst, lies den Leitfaden in Anhang A.

Wann immer wir uns mit innerer Heilung und Befreiung beschäftigen, geht es darum, uns und andere von dem zu befreien, was gemeinhin als Isebel-Geist bekannt ist. Nur sind die meisten Menschen falsch darüber informiert, wie dieser Geist funktioniert und wie die Freiheit für diejenigen, die unter seinen Einfluss geraten sind, wirklich aussieht. Das nächste Kapitel wird dir die Augen dafür öffnen, wie dieser Geist wirklich funktioniert, und erklären, warum so viele Menschen seine Machenschaften noch nicht überwunden haben.

Mein Gebet für dich

Im Namen Jesu breche ich jeden Fluch, der durch Zugehörigkeit zu Kulten oder Sekten oder durch okkulte Praktiken über dich und deine Familie gekommen ist. Ich zerstöre jeden dämonischen Anspruch auf dein Leben und dein Erbe und setze dich frei, die Fülle der Vereinigung mit unserem Herrn Jesus Christus zu genießen. Möge die spürbare Gegenwart des Heiligen Geistes und der heiligen Engel Gottes dich jetzt in Jesu mächtigem Namen umgeben. Amen.

Reich-Gottes-Gedanken

1. Das Okkulte, vom lateinischen Wort *occultus* („heimlich, verborgen, geheim"), bedeutet „verborgen" und bezieht sich im Allgemeinen auf das Streben nach einer Art von Magie oder geheimem übernatürlichem Wissen oder Macht.
2. Es gibt Tausende von Varianten des Okkulten, die man geschichtlich nachweisen kann. Beispiele dafür sind Wicca, Schamanismus, Hexerei, Zauberei, Nekromantie, Santeria, *Brujería* und Voodoo.
3. Eine andere Form von Kult, der sich in seiner Struktur unterscheidet, ist in der Regel eine religiöse Sekte, die sich um einen starken Führer herum organisiert und Glaubenssätze oder Verpflichtungen verlangt, die für andere verwandte Gruppen untypisch sind.
4. Die meisten Menschen lassen sich auf Kulte/Sekten oder okkulte Praktiken ein, weil ihre unmittelbare Familie in diese Art von Praktiken verwickelt ist, weil sie übernatürliche Gaben des Heiligen Geistes haben, die in christlichen Kirchen nicht willkommen sind, weil sie Macht haben wollen oder weil sie einfach neugierig sind.
5. Sowohl innere Heilung als auch Befreiung sind nötig, um Freiheit von Kulten/Sekten und okkulten Praktiken zu erleben, aber das hängt vom Kontext und der Person ab.

Reich-Gottes-Fragen

1. Was ist der Unterschied zwischen einem Kult bzw. einer Sekte und dem Praktizieren des Okkulten?
2. Warst du oder war deine Familie an einem Kult bzw. einer Sekte oder an okkulten Praktiken beteiligt? Wenn ja, was war der Grund dafür?
3. Hast du jemals darüber nachgedacht, dass okkulte Praktiken geistlich bindende Verträge sind, die durch Befreiungsgebete gebrochen werden müssen? Was passiert, wenn sie nicht angegangen und gebrochen werden?

4. Hast du auf den Listen der okkulten Praktiken etwas gesehen, das noch deiner Aufmerksamkeit bedarf? Wirst du Buße tun und dich von diesen Praktiken lossagen?
5. Warum benutzen wir den Namen Jesus, insbesondere wenn es darum geht, dämonische Ansprüche auf unser Leben aufgrund okkulter Praktiken zu brechen?

Kapitel 7

Die Isebel-geplagte Seele heilen

Kailey war jung, ungewöhnlich gebetsfreudig und hatte eine starke prophetische Gabe. Außerdem war sie eine starke ehrenamtliche Leiterin in einer lebendigen Studentengemeinde. „Die Leiter der Gruppen, in denen ich mitarbeitete, waren immer sauer auf mich", vertraute Kailey der Frau ihres Pastors an, während ihr die Tränen über die Wangen liefen. „Die Studenten kommen oft zu mir und bitten mich um Gebet und Rat. Ich glaube, meine Leiter sind besorgt über meinen Einfluss." Langsam nahm die Frau des Pastors sie in ihren Kreis auf und begann, sie zu betreuen. Mit der Zeit wurde Kailey die Verantwortung für das Fürbittegebet übertragen.

Die Leute äußerten weiterhin Bedenken über Kailey. Sie versuchten, freundlich zu sein, aber es war immer wieder das gleiche Thema. Kailey wurde als manipulativ wahrgenommen. Sie galt als geistlich und emotional übergriffig, da sie oft Gebetsleiter rekrutierte und diesen dann Schuldgefühle machte, wenn sie wieder aufhören wollten. Sie hatte oft zutreffende prophetische Träume und klagte deshalb mehr als einmal andere an. Später wurde aufgedeckt, dass sie sich eine geistliche Autorität anmaßte, die ihr nicht gegeben worden war, und dass sie gezielt diejenigen, die ihren Pastoren am nächsten standen, mit Gebet und prophetischen Worten bedrängte, um ihren eigenen Einfluss zu erhöhen. Wenn sie zu diesen Situationen befragt wurde, hatte sie immer eine hieb- und stichfeste Geschichte parat: Sie war unschuldig, jemand war eifersüchtig, es war nicht so, wie es aussah, oder sie hat es nicht so gesagt, wie es wiedergegeben wurde.

Die Frau ihres Pastors, die ihre Mentorin war, hielt sie für weitgehend unschuldig, aber noch unreif in ihrer Leitungsrolle. Sie war lange Zeit nicht in der Lage, Kaileys Täuschung zu durchschauen. Als

Kailey einen Unfall hatte, der sie emotional belastete, schlug ihre Mentorin vor, sie solle persönliches Gebet in Anspruch nehmen, da sie anscheinend unter geistlicher Bedrückung litt. Kailey sträubte sich gegen diesen Gedanken, aber die Frau ihres Pastors blieb hartnäckig. Schließlich willigte Kailey ein, machte aber dann dem Seelsorger so viel Ärger, dass nichts dabei herauskam. Inzwischen beschuldigte Kailey ihre Mentorin, sie schlecht behandelt zu haben, worauf sich die Notwendigkeit ergab, Kailey für eine Zeit der Genesung vom Dienst freizustellen. Während des Gesprächs verriet Kailey, dass sie heimlich alle ihre Gespräche aufgezeichnet hatte, nicht nur mit ihrer Mentorin, sondern auch mit anderen Leitern in der Gemeinde. Nach diesem schockierenden Geständnis, das eine versteckte Drohung war, wurde Kailey sofort aus der Gemeinschaft ausgeschlossen. Leider erkannte ihre Mentorin viel zu spät, dass Kailey unter dem Einfluss eines sogenannten Isebel-Geistes stand.

Es gibt viele Missverständnisse, was den Isebel-Geist angeht, und manche bezweifeln sogar, dass es einen solchen Geist überhaupt gibt. Wie ich bereits sagte, zeigt sich jeder dämonische Geist anders und muss daher auch anders behandelt werden. Was den Isebel-Geist betrifft, so glaube ich, dass die meisten Gemeinden mit diesem Geist völlig falsch umgegangen sind.

Wer war Isebel in der Bibel?

In der Bibel gibt es zwei Frauen namens Isebel. Die eine war eine berüchtigte Königin im Alten Testament, die andere nannte sich im Neuen Testament Prophetin. Auch wenn einige in Frage stellen, ob die Isebel des Neuen Testaments wirklich Isebel hieß oder ob ihr Name nur symbolisch gemeint ist, ist es doch kein Zufall, dass sie zweimal in der Bibel auftaucht, und zwar in berüchtigter Weise.

Die Geschichte der Königin Isebel steht in 1. und 2. Könige. Sie war eine Prinzessin und die Tochter des Königs von Tyrus und Sidon. Ihr Vater, Ethbaal, war ein Priester des Baal, eines berüchtigten, grausamen und abscheulichen Gottes, dessen Anbetung das unzüchtigste und entwürdigendste Sexualverhalten beinhaltete, das man sich vorstellen kann. Ahab, Israels König, heiratete Isebel und führte die gesamte Nation Israel in die widerwärtige und abstoßende Anbetung Baals.

Zwei Begebenheiten im Leben Isebels verdeutlichen, was mit dem „Isebel-Geist“ gemeint ist. Der erste ist ihre obsessive Leidenschaft, andere zu beherrschen und zu kontrollieren, besonders im geistlichen Bereich. Als sie Königin wurde, arbeitete sie eifrig daran, Israel von allen Spuren der Anbetung Jahwes zu lösen. Sie befahl, dass alle Propheten Gottes hingerichtet werden sollten, und ersetzte dann die Altäre der Anbetung für Jahwe durch die des Baal. Ihr stärkster Feind war der Prophet Elia, der auf dem Berg Karmel einen Wettstreit zwischen den Mächten des Gottes Israels und den Mächten Isebels und der Priester Baals vorschlug. Natürlich gewann Gott, aber obwohl sie von den überwältigenden Kräften des Herrn hörte, weigerte sich Isebel, Buße zu tun, und schwor bei ihren Göttern, sie würde Elia jagen, bis er tot sei. Ihre hartnäckige Weigerung, die Macht des lebendigen Gottes zu erkennen und sich ihm zu ergeben, sollte schließlich zu ihrem gewaltsamen Ende führen.

Bei der zweiten Begebenheit ging es um einen rechtschaffenen Mann namens Naboth. König Ahab hatte Naboth aufgefordert, ihm sein Land zu verkaufen, das an den Palast angrenzte. Naboth weigerte sich und erklärte, der Verkauf seines Erbes würde gegen das Gebot des Herrn verstoßen. Während Ahab schmollte und sich auf seinem Bett über die Situation ärgerte, nahm Isebel die Sache selbst in die Hand. Sie beschuldigte den unschuldigen Nabot und ließ ihn steinigen. Auch Naboths Söhne wurden gesteinigt, damit es keine Erben gab und das Land wieder in den Besitz des Königs überging. Eine solche zielstrebige Entschlossenheit, den eigenen Willen durchzusetzen, ohne Rücksicht darauf, wen man dabei vernichtet, ist ein Merkmal des Isebel-Geistes.

Im Neuen Testament finden wir einen weiteren Hinweis auf eine Isebel, die die Gemeinde von Thyatira auf ähnliche Weise zu beeinflussen schien wie die erste Isebel. Diese neutestamentliche Isebel war keine kosmische Reinkarnation der ersten Isebel, aber es waren zwei verschiedene Frauen, die sich unheimlich ähnlich verhielten. Jesus warnt die Gemeinde in Thyatira und erklärt, dass sie nicht geduldet werden soll. *„Aber ich habe gegen dich, dass du das Weib Isebel gewähren* *lässt, die sich eine Prophetin nennt und meine Knechte lehrt und verführt, Unzucht zu treiben und Götzenopfer zu essen"* (Offb 2,20).

Wer auch immer diese Frau war, sie weigerte sich genau wie die erste Isebel, von ihrer Unmoral und ihrer falsche Lehre umzukehren, und damit war ihr Schicksal besiegelt. Der Herr Jesus drohte ihr, sie – zusammen mit denen, die mit ihr Götzendienst trieben –, auf ein Krankenbett zu werfen (vgl. Offb 2,22). Das Ende für diejenigen, die dem Isebel-Geist erliegen, ist das Gericht des Herrn. Seitdem ist Isebel zu einem höchst umstrittenen Bezugspunkt geworden, sowohl in geistlicher Hinsicht als auch in Bezug auf ihr Verhalten.

Ist der Isebel-Geist real?

Jede normale Frau hat ab und zu einen Kontrollanfall. Das macht sie noch lange nicht zu einer Isebel. Wir haben den Namen Isebel fast schon zu einer Art christlichem Schimpfwort gemacht, um Frauen zu bezeichnen, die freimütig sind und eine gewisse Macht und Einfluss haben. Gleichzeitig hat jeder Pastor, den ich kenne, mindestens einmal während seiner Dienstzeit mit zwei verschiedenen Arten von Frauen zu tun gehabt. Die eine ist eine geistliche Frau, die Einfluss ausübt, in der Regel prophetisch, aber definitiv reif in ihrer Einstellung und ihren Absichten. Sobald sie mal einen Fehler macht, flüstern die Leute leise, sie sei eine Isebel, aber das stimmt nicht. Sie ist für andere nur ein Ärgernis, während sie in ihrer Führungsrolle wächst. Die andere ist, du hast es erraten, eine sehr reale Isebel, die all die erwähnten Eigenschaften hat, sich dann aber erhebt, um der Gemeinde zu schaden und den Pastor und die Leiterschaft zu terrorisieren. Du musst das nur ein einziges Mal erleben und du wirst zustimmen, dass der Geist der Isebel real und kein Mythos ist.

Was die Realität des Isebel-Geistes untermauert, ist die aktive geistliche Rolle und Funktion des Geistes von Elia. Der Prophet Elia war Zeit ihres Lebens ein rivalisierender Feind der Königin Isebel, da er sich für die reine Anbetung Jahwes einsetzte. Schließlich verurteilte er sie zum Tode, als er ein prophetisches Wort des Gerichts vom Herrn erhielt. *„Und auch über Isebel hat der HERR geredet und gesprochen: Die Hunde sollen Isebel fressen an der Vormauer* *von Jesreel. Wer von Ahab in der Stadt stirbt, den werden die Hunde fressen, und wer auf (freiem) Feld stirbt, den werden die Vögel des Himmels fressen"* (1 Kön 21,23-24). Was geweissagt wurde, trat ein. Auf Befehl von König Jehu wurde sie aus dem Fenster in den Tod gestürzt, und die Hunde des Dorfes fraßen ihren Leichnam noch am selben Tag auf. Was Elia als Nächstes passierte, ist die Grundlage dafür, dass wir verstehen, wie der Geist Isebels weiterhin gegen den Herrn und sein Volk wirkt.

Elia war der zweite Mensch, der in den Himmel versetzt wurde, ohne den Tod zu erleben. Henoch war der erste, aber im Gegensatz zu Henoch wurde Elia von einer Gruppe von Propheten, darunter auch Elisa, seinem Nachfolger, dabei beobachtet, wie er in einem Wirbelwind in den Himmel aufstieg.[1] Interessant ist, dass die Königin Isebel Elia mit dem sicheren Tod verflucht hatte, er aber nicht starb.[2] Elia erhielt auch einen Auftrag auf der Erde, der bis zur Wiederkunft Christi andauern sollte. Vom Propheten Maleachi stammt folgende prophetische Äußerung:

> *Siehe, ich sende euch den Propheten Elia, bevor der Tag des HERRN kommt, der große und furchtbare. Und er wird das Herz der Väter zu den Söhnen und das Herz der Söhne zu ihren Vätern umkehren lassen, damit ich nicht komme und das Land mit dem Bann schlage* (Mal 3,23-24).

---

1 *„Durch Glauben wurde Henoch entrückt, sodass er den Tod nicht sah, und er wurde nicht gefunden, weil Gott ihn entrückt hatte; denn vor der Entrückung hat er das Zeugnis gehabt, dass er Gott wohlgefallen habe"* (Hebr 11,5); *„Und es geschah, als der HERR den Elia im Sturmwind zum Himmel auffahren lassen wollte, da gingen Elia und Elisa von Gilgal fort ... Und es geschah, während sie gingen, gingen und redeten, siehe da: ein feuriger Wagen und feurige Pferde, die sie beide voneinander trennten! Und Elia fuhr im Sturmwind auf zum Himmel"* (2 Kön 2,1.11).

2 *„Und Ahab berichtete der Isebel alles, was Elia getan hatte, und den ganzen (Hergang), wie er alle Propheten mit dem Schwert umgebracht hatte. Da sandte Isebel einen Boten zu Elia und ließ (ihm) sagen: So sollen (mir) die Götter tun, und so sollen sie hinzufügen! Ja, morgen um diese Zeit mache ich dein Leben dem Leben eines von ihnen gleich!"* (1 Kön 19,1-2).

Auf der Grundlage dieses Verses glauben viele, dass Elia einen fortwährenden Auftrag zur Wiederherstellung auf der Erde hat, insbesondere zur Wiederherstellung und Versöhnung der Familien. Es ist ein Rätsel, wie das geschieht, aber sowohl Juden als auch Christen glauben, dass der Geist des Elia eine machtvolle Erlöserrolle innehat, die bereits jetzt stattfindet und bis zur Wiederkunft Jesu andauern wird.[3]

Im Gegensatz dazu ging es Isebel nie um die Familie. Sie verlangte ohne Widerspruch, dass das Volk Gottes seinen Bund mit Gott und untereinander brach und sowohl physischen als auch geistlichen Ehebruch beging. Sie war eine Agentin gegen die Heiligkeit und Sicherheit von Erwachsenen und Kindern. Sie hasste männliche Autorität und dominierte allein. Sie ordnete sich nie unter. Ich glaube, dass es einen solchen Isebel-Geist gibt, der ein Dämon ist, eine Art geistliches Fürstentum, das auf der Erde als Gegenpol zum Geist des Elia wirkt. Obwohl Johannes den Begriff *Isebel* nicht verwendet, schrieb er in Bezug auf das kommende Gericht über einen Geist, der als große Hure bekannt ist:

> *Und es kam einer von den sieben Engeln, welche die sieben Schalen hatten, und redete mit mir und sprach: Komm her! Ich will dir das Gericht über die große Hure zeigen, die an vielen Wassern sitzt, mit der die Könige der Erde Unzucht getrieben haben; und die Bewohner der Erde sind trunken geworden von dem Wein ihrer Unzucht* (Offb 17,1-2).

Wenn du liest, welche Auswirkungen dieser Geist hat und wie er sich auf alle Nationen auswirkt, wirst du feststellen, dass er ähnliche Eigenschaften hat, wie wir sie gemeinhin mit den beiden Frauen in der Bibel namens Isebel in Verbindung bringen. Ich glaube, das ist der

---

[3] Anita Alexander, „The Returning of Fathers and Restoration of Families", The Elijah List, September 28, 2020,
https://www.elijahlist.com/words/display_word.html?ID=24353;
Max Fox and Nathan Altshuler, „Elijah: We Need You", March 24, 2018,
https://www.jpost.com/opinion/elijah-we-need-you-546989;
„The Messiah Would Be Preceded by Elijah the Prophet", Jews for Jesus,
https://jewsforjesus.org/jewish-resources/mes sianic-prophecy/the-messiah-would-be-preceded-by-elijah-the-prophet/

Punkt, über den manche Leute stolpern, wenn es um die Existenz des Isebel-Geistes geht, weil er nicht ausdrücklich erwähnt wird. Aber es lässt sich einfach schlussfolgern, und wir haben versucht, es aus biblischer Sicht zu definieren, vor allem deswegen, weil wir diese Eigenschaften immer wieder bei Menschen erlebt haben.

„Ein Isebel-Geist ist eine himmlische Macht, die weltweiten Einfluss hat“, schrieb John Paul Jackson in seinem Buch *Unmasking the Isebel Spirit*. „Er ist eine dämonische Macht im himmlischen Bereich, die über bestimmte geografische Grenzen hinausgeht und Nationen beeinflussen kann.[4] Der Prophet und Pastor Curt Landry schrieb: „Es gibt zahlreiche Merkmale dieses überaus bösen Geistes, aber die meisten fallen unter diese Kategorien: Täuschung, Manipulation, Kontrolle, Ungehorsam, vorgetäuschte Buße, sexuelle Unmoral und Stolz.“ Er fügte hinzu: „Auch wenn der Isebel-Geist nach der Königin Isebel benannt ist, kennt er kein Geschlecht. Das bedeutet, dass dieser dämonische Geist sowohl Männer als auch Frauen beeinflussen kann. Die gleichen kontrollierenden, manipulierenden, verführenden und hochmütigen Eigenschaften zeigen sich bei Männern genauso wie bei Frauen.“[5] Wenn du dich schon einmal mit der narzisstischen Persönlichkeitsstörung beschäftigt hast, wirst du viele dieser Eigenschaften wiedererkennen: Großspurigkeit, Manipulation, Arroganz, mangelndes Einfühlungsvermögen, Einschüchterung und Wut, chronisches Lügen usw.[6] Wenn du jemals mit einem Narzissten zusammengelebt

---

[4] John Paul Jackson, *UnMasking the Jezebel Spirit* (Flower Mound, Tex.: Streams Ministries International, 2002), Kindle edition, 2.

[5] „Jezebel Spirit in Men and Women“, Curt Landry Ministries, 27. Februar 2020, https://www.curtlandry.com/jezebel-spirit-in-men/#.YGey5i1h1pQ

[6] Melinda Smith, M.A. und Lawrence Robinson, „Narcissistic Personality Disorder“, HelpGuide, July 2020, https://www.helpguide.org/articles/mental-disorders/narcissistic-personality-disorder.htm;
„Narcissism: Symptoms and Signs“, WebMD, 2. Dezember 2020, https://www.webmd.com/mental-health/narcissism-symptoms-signs;
Neal Chester, „The Narcissist's Origin: Exposing Jezebel, Part 1“, Let's Please God, 12. Februar 2020, https://www.letspleasegod.com/exposing-narcissist-part-1/;
Diana Rasmussen, „Jezebels are Androgynous Narcissists“, *Finding Hope in This Crazy World* (Blog), https://dianarasmussen.com/jezebels-are-androgynous-narcissists/.

oder für ihn gearbeitet hast, weißt du, dass es fast keine Worte gibt, um zu beschreiben, wie zutiefst manipulativ und kontrollierend er ist. John Paul Jackson erklärte auch, der Isebel-Geist ergreife nicht auf die gleiche Weise von der Person Besitz wie andere Geister, obwohl er eine hochrangige dämonische Macht ist.[7] Ich habe genau das gleiche Phänomen erlebt und glaube, ich kann erklären, warum.

Eine untypische Dämonisierung

Ich habe diese Geschichte bereits in meinem Buch *Seeing the Supernatural* („Das Übernatürliche sehen") erzählt und werde sie deshalb in einer gekürzten Version wiedergeben, um dir den Kontext zu verdeutlichen. Während unserer ersten Jahre als leitenden Pastoren gab es in unserem Team ein moralisches Versagen. Die Umstände der Affäre waren sehr schwer zu akzeptieren. Außerdem wurde die Affäre von einer unserer Lobpreisleiterinnen hinter den Kulissen inszeniert. Diese Lobpreisleiterin hatte die Affäre nicht selber, aber sie hatte sie inszeniert, weil sie glaubte, es sei Gottes Wille. Ich war über ihr unverschämtes Verhalten verwirrt, da sie viel betete und prophetisch zu sein schien und die Anbetung von unserer Bühne aus leitete. Mit der Zeit fiel mir auf, dass sie ziemlich passiv-aggressiv war und sich entschuldigte, wenn sie zur Rede gestellt wurde, sich aber nie änderte. Ich bemerkte, dass ihre beiden Kinder ungewöhnlich stark in sexuelle Sünde verstrickt waren und bei sexuellen Vergehen erwischt worden waren. Als das Verhalten dieser Frau aufgedeckt wurde, verließ ihre Familie notwendigerweise unsere Gemeinschaft und endete dann in einer Scheidung.

Ich begann, die typischen Eigenschaften des Isebel-Geistes zu studieren, und stellte fest, dass diese Frau in weiten Teilen der klassischen Beschreibung entsprach. Aus diesem Grund wusch ich meine Hände in Unschuld und dachte, sie sei es nicht wert, davon befreit zu werden. Ich hatte sie als zu böse eingestuft, als dass sie sich jemals ändern würde, denn schließlich war sie ja eine *Isebel*. Ich hatte nie darüber nachgedacht, dass Gott auch ein Herz für jemanden hat, der

---

[7] Jackson, *Unmasking the Jezebel Spirit*, 3

innerlich so krank und verdreht ist. Später begann ich mich zu fragen: *Was bringt Leute dazu, so zu werden? Können sie sich ändern?* In unserer Gemeinde gab es immer wieder Frauen, auf die die Beschreibung einer Isebel zutraf oder die irgendwie dem Spektrum der Isebel-Verhaltenseigenschaften entsprachen. Mir war auch aufgefallen, dass wir einen Isebel-Geist in Befreiungssitzungen nie erfolgreich austreiben konnten. Das war seltsam, denn manchmal manifestierten sich Frauen dämonisch, wenn dieser Geist angesprochen wurde, nur kam er nicht heraus und sie veränderten sich auch nicht. Dass eine Person befreit ist, erkennst du daran, dass sie sich nicht mehr wie der Dämon verhält, der sie unterdrückt hat.

In den Jahren meines Dienstes hatte ich mit mehreren Frauen zu tun, die einige oder alle Eigenschaften eines Isebel-Geistes aufwiesen, und ich begann, ihre Geschichten aufzuschreiben:

1. Sie hassen Autorität, vor allem männliche Autorität. Warum? Männer mit Autorität hatten sie missbraucht, oft in der schlimmsten Weise. Um sich sicher zu fühlen, müssen sie nun das Sagen haben oder kontrollieren, wer das Sagen hat.
2. In den christlichen Gemeinden fühlen sie sich von der Machtdynamik des Gebets und der Prophetie angezogen. Warum? Sie haben geistlichen Missbrauch durch Erwachsene und Autoritätspersonen erlitten. Geistliche Macht über andere zu haben, ist für sie ein viel sicherer Bereich.
3. Sie manipulieren und verführen, um zu bekommen, was sie wollen. Warum? Ihre Bedürfnisse wurden in ihrer Kindheit nie erfüllt. Sie mussten viel tricksen, um zu überleben, selbst für Grundbedürfnisse wie Essen.
4. Sie sind zornig und einschüchternd. Und warum? Sie wurden ihrer Macht beraubt, meist in der Kindheit. Sie benutzen Wut und Einschüchterung, um in einer beängstigenden Welt zu überleben, in der sie sich nie geschützt fühlten.

Es war immer das gleiche Muster – Frauen mit schrecklichen Geschichten, die zwar überlebten, dann aber eine Persönlichkeit entwickelten, die einige oder alle der Eigenschaften aufwies, die wir gemeinhin mit den Isebels in der Bibel in Verbindung bringen. Ich verstand diese Dynamik intuitiv, da ich so sehr mit meinen eigenen Tendenzen zu kämpfen hatte, Menschen durch Manipulation oder Einschüchterung zu beherrschen. Meine Tendenzen waren gottlos und die Frucht innerer Gelübde, die ich als Überlebende eines komplexen Traumas, die nicht mehr verletzt werden wollte, abgelegt hatte. Das geschieht unbewusst und reaktiv, aber diese schrecklichen Überlebensgeschichten schienen ein gemeinsamer Nenner hinter vielen dieser Verhaltensweisen zu sein.

Wenn wir das wissen, können wir besser verstehen, wie der Geist der Isebel die Kontrolle über seine Opfer erlangt. Diese geistliche Macht bringt finstere und gezielte Umstände in das Leben einer Person, um die notwendigen geistlichen Festungen zu schaffen, die zu den typischen Verhaltensmustern führen. Diese gezielten Angriffe können sexueller oder körperlicher Missbrauch in der Kindheit, schwere Vernachlässigung, schmerzhafte Familienprobleme und Traumata, geistlicher und ritueller Missbrauch und vieles mehr sein. Nicht jeder, der eine schwierige Erziehung genossen hat, gerät unter den Einfluss von Isebel, aber ein solches Trauma ist dazu beabsichtigt, seine Wirkung im Herzen und im Verstand eines Menschen zu entfalten. Wenn du einer Person begegnest, die unter dem Einfluss von Isebel steht, solltest du dir darüber im Klaren sein, dass ihre heutige Boshaftigkeit eine tiefsitzende Reaktion auf die traumatische Konditionierung von gestern ist.[8]

Der Isebel-Geist ergreift nicht auf traditionelle Weise von Menschen Besitz. Vielmehr konditioniert er sie durch ein Trauma dazu, sich in ihrem Denken und ihrer Persönlichkeit in Isebel zu verwandeln. Das ist der Grund, warum man diesen Geist nicht austreiben kann – weil die Menschen nicht von einem Isebel-Geist besessen sind, sondern tatsächlich Isebel *sind.* Versucht man, diesen Geist auszutreiben, kann es sein, dass sie sich aufgrund der tiefen geistlichen Dimensionen dieser dämonischen Macht immer noch wie von einem Dämon besessen zeigen – nur dass sie sich nicht ändern, ganz gleich, welche Manifestation man vorfindet. Hier nochmals die Worte Jesu über Isebel:

---

[8] Eivaz, *Seeing the Supernatural*, Kindle edition, 128.

Aber ich habe gegen dich, dass du das Weib Isebel gewähren lässt, die sich eine Prophetin nennt und meine Knechte lehrt und verführt, Unzucht zu treiben und Götzenopfer zu essen. Und ich gab ihr Zeit, damit sie Buße tut, und sie will nicht Buße tun von ihrer Unzucht. Siehe, ich werfe sie aufs Bett und die, welche Ehebruch mit ihr treiben, in große Bedrängnis, wenn sie nicht Buße tun von ihren Werken (Offb 2,20-22).

Hier sehen wir, wie Jesus mit ihr umging. Er trieb keinen Geist aus, sondern gab ihr das wahre Heilmittel, nämlich die Umkehr.

Ich habe erlebt, dass Jesus solchen Menschen auf ähnliche Weise begegnet ist: Er gibt ihnen Zeit, Buße zu tun, bevor er sie davon abhält, seiner Gemeinde und seinem Volk noch mehr zu schaden. Einige nehmen seine Warnung an und tun alles, was nötig ist, um ihr Verhalten zu ändern. Andere weigern sich, Buße zu tun und besiegeln damit ihr Schicksal.

Ich erinnere mich an eine junge Christin, die die meiste Zeit ihrer Kindheit in Pflegefamilien verbracht und dadurch viel gelitten hatte. Als junge Erwachsene und Mutter hatte sie viele Merkmale der Isebel-Persönlichkeit entwickelt und schien ein Doppelleben zu führen, obwohl sie regelmäßig zur Gemeinde ging. In seiner Güte griff Jesus auf übernatürliche Weise in ihr Leben ein. Während der Zeit für persönliches Gebet auf einer Konferenz, auf der ich sprach, bekam sie eine ungewöhnliche Nachricht auf ihr Handy geschickt. Das machte ihr Angst und sie fragte mich und ein paar andere, was wir davon hielten. Die Nachricht erschien in großen, fetten Buchstaben auf ihrem Bildschirm: „IN SÜNDE“. Ich kannte ihr Leben gut genug und hatte mir inzwischen ihre Erlaubnis „verdient“, ehrlich zu ihr zu sein. Ich sagte ihr, diese Nachricht käme vom Heiligen Geist und sie solle dankbar für eine so mutige und übernatürliche Konfrontation sein. Nachdem dies geschehen war, schien sie einige Fortschritte in Richtung einer positiven Veränderung zu machen. Diese Phase war jedoch nicht von Dauer, und sie traf wieder schlechte Entscheidungen. Sie wurde die Geliebte eines wohlhabenden verheirateten Mannes – bis er seine Frau verließ und stattdessen sie heiratete.

Identifizierst du dich mit dieser Persönlichkeit? Hast du einige oder alle Eigenschaften, die typischerweise mit einer Person unter dem Einfluss von Isebel in Verbindung gebracht werden? Ich habe viele dieser Eigenschaften bei mir selbst festgestellt, vor allem ein ungesundes Bedürfnis nach Kontrolle. Ich sage das aus Erfahrung: So schrecklich deine Vergangenheit auch gewesen sein mag, du kannst sie nicht als Ausrede benutzen, um mit einer dieser Verhaltensweisen weiterzumachen. Du kannst nicht weiterhin jeden und alles kontrollieren, manipulieren, einschüchtern, lügen, Gebet und Prophetie missbrauchen, Unzucht treiben, dominieren und gesunde Autorität in deinem Leben ablehnen und dann deine sündigen Reaktionen auf deine schwierige Vergangenheit schieben. Jesus hat den ultimativen Preis für die Beseitigung unserer Sünde bezahlt, was bedeutet, dass diese Dinge geändert und in Ordnung gebracht werden können. Wenn das auf dich zutrifft, dann mach dir klar, dass diese Verhaltensweisen höchstwahrscheinlich dein Überlebenswerkzeug waren, um das Schlimmste zu überleben. Aber jetzt arbeiten deine Überlebenswerkzeuge gegen dich und deine Mitmenschen. Sie sind jetzt die Götzen, die Jesus in deinem Leben abbauen will, damit du seine Freiheit und seinen Segen auf einer ganz neuen Ebene erleben kannst. Es ist Zeit für einen Tausch, aber dafür musst du durch ein Nadelöhr gehen.

Durchs Nadelöhr

In drei der vier Evangelien gibt Jesus eine überraschende Antwort auf die Frage des reichen jungen Mannes: *„Guter Lehrer, was soll ich tun, damit ich ewiges Leben erbe?“* (Mk 10,17). Da Reichtum in der jüdischen Kultur als Beweis für Gottes Wohlwollen galt, lehrten die Rabbiner, dass reiche Menschen von Gott gesegnet und daher die wahrscheinlichsten Kandidaten für den Himmel seien.[9] Jesus machte unmissverständlich klar, dass niemand das ewige Leben aufgrund seiner eigenen Verdienste erhält und sprach den Götzen im Herzen

---

[9] „What Did Jesus Mean When He Said It Is Easier for a Camel to Go through the Eye of a Needle Than for a Rich Man to Get into Heaven?“ Got Questions, https://www.gotquestions.org/camel-eye-needle.html.

des jungen Mannes öffentlich an. *„Jesus aber blickte ihn an, gewann ihn lieb und sprach zu ihm: Eins fehlt dir. Geh hin, verkaufe alles, was du hast, und gib ⟨den Erlös⟩ den Armen, und du wirst einen Schatz im Himmel haben, und komm, folge mir nach!“* (V. 21). Der junge Mann ging sehr betrübt weg, weil er sich nicht von seinem Reichtum trennen konnte. Jesus erklärte seinen Jüngern außerdem, wie schwer es für eine reiche Person ist, das ewige Leben zu erben, und benutzte dazu dieses Gleichnis: *„Es ist leichter, dass ein Kamel durch das Öhr der Nadel geht, als dass ein Reicher in das Reich Gottes hineinkommt“* (V. 25). Er beschrieb damit, was für ein Wunder es wäre, wenn eine reiche Person ihn mehr anbetet und liebt als die Schätze der Erde.

Wie schön zu wissen, dass Jesus darauf spezialisiert ist, das härteste, verstrickteste Herz in einen wahren Anbeter Jahwes zu verwandeln. Wenn Jesus dir sagt, dass du etwas tun kannst, dann deshalb, weil du es kannst. Vielleicht brauchst du ein absolutes Wunder, um dich zu ändern, so wie dieser reiche junge Mann, aber wenn er dich der Sünde überführt, kannst du sicher sein, dass er für dich auch einen Weg daraus heraus finden wird. Als Jesus Isebel Zeit gab, ihre Untaten zu bereuen, tat er das, weil sie in der Lage war, sich zu ändern. Selbst die am tiefsten verwurzelten Isebel-ähnlichen Verhaltensweisen können in Christus und durch die Kraft seines Heiligen Geistes verwandelt werden. Wenn du denkst, dass du zu beschädigt bist, dass du ein hoffnungsloser Fall bist oder dich nicht ändern kannst, solltest du noch einmal darüber nachdenken. Es ist noch nicht zu spät. Du kannst dich ändern, aber es wird Zeit, Arbeit und die Kraft des Heiligen Geistes brauchen. Es ist ein lebenslanger Weg, aber du bekommst wegen deiner Vergangenheit keinen Freifahrtschein, um auf Isebels Wegen weiterzumachen.

Ich erinnere mich an eine junge Frau, die mit Zorn und Kontrolle zu kämpfen hatte. Sie war gezwungen, ihr Zuhause und jeden darin zu kontrollieren. Ihr Vater war Alkoholiker, und ihre Mutter unterstützte ihn, beherrschte ihn aber auf Schritt und Tritt. Die junge Frau brachte diesen Machtkampf und das Bedürfnis nach Dominanz mit in ihre Ehe. Als sie in einen Kontrollanfall ihren Mann kurz nach der Hochzeit schlug, machte der ihr sofort klar, dass er das nicht dulden würde. Er stellte ihr ein Ultimatum: Entweder sie ändere sofort ihr Verhalten oder sie würde ihre Ehe aufs Spiel setzen. Sie entschied sich für die harte Arbeit und erhielt so ihre Ehe, versäumte es aber, in anderen Bereichen, die Aufmerksamkeit brauchten, weiterzuwachsen. Sie war eine gesalbte Lehrerin und hatte die Gabe des Heiligen Geistes zu prophezeien. In der Gemeinde war das ihre Stärke; aber ihre Neigung, schnell gekränkt zu sein, führte letztlich dazu, dass sie die Verbindung zu Gottes Gemeinde verlor. Das war ein schrecklicher Verlust und eine Erinnerung daran, dass wir unseren Lauf vollenden müssen und nicht aufhören dürfen zu wachsen.

Eine andere Frau, die von einem nahen Verwandten sexuell missbraucht worden war, brachte ihre Wut auf Männer mit in ihre Ehe. Was ihren Missbrauch anging, war ihr Ehemann nicht so stark, wie er hätte sein müssen. Er wurde mehrfach mit blauen Augen, blauen Flecken und Kratzern im Gesicht gesehen. Glücklicherweise bemerkte ihr Pastor die Situation und stellte sie zur Rede, indem er darauf bestand, dass sie sich wegen ihrer Wut und der auffälligen häuslichen Gewalt Hilfe holte. Das Problem bei Menschen mit einer tief verwurzelten Isebel-Mentalität ist, dass sich echte Veränderung wie ein emotionaler Tod anfühlen kann. Die Wut war bei dieser Frau zu ihrer zentralen Identität geworden und nicht nur eine schlechte Angewohnheit.

So viele Frauen ich kenne, die ihre Isebel-geplagte Seele nicht überwunden haben, so viele kenne ich auch, die es trotz aller Widrigkeiten geschafft haben. Jayla ist eine solche Frau. Sie arbeitet immer noch daran, sich aus dieser geistlichen Festung zu befreien, aber ich glaube, dass sie auf dem besten Weg ist, es siegreich zu beenden. Jayla wurde von mehreren Personen in ihrer Familie und von Personen außerhalb ihrer Familie sexuell missbraucht. „Ich begann zu glauben, dass ich nur aus einem Grund existierte, und dieser Grund war Perversion", sagt sie. In ihren Teenagerjahren wurde Jayla in ihrem Lebensstil immer aggressiver, und ihr Verstand wurde mit gewalttätigen und sexuell ausbeuterischen Gedanken bombardiert. Sie ging auch eine missbräuchliche Ehe ein, floh dann aber aus der Beziehung, nachdem ihr Mann sie fast getötet hätte.

Jayla ging eine weitere Beziehung ein, dieses Mal mit einem Pastor. Sie lebten mehrere Jahre zusammen und dienten sogar gemeinsam, aber sie heirateten nie. „Er war sehr pervers und glaubte nicht, dass die Ehe notwendig sei", erklärte sie. „Wir waren auch Teil einer Gemeinde, in der sexuelle Sünde toleriert wurde, sogar vom leitenden Pastor." Jayla predigte und lehrte in diesem Umfeld. Sie war auch pornografiesüchtig, etwas, „worüber Frauen nicht sprechen sollten". Sie fügte hinzu: „Es gibt mehr Gnade für Männer, die aus dieser Sucht herauskommen, aber es gibt nicht die gleiche Gnade für Frauen." Der Heilige Geist sprach freundlich zu ihr, sie solle Buße tun und aus ihrem sündigen Lebensstil aussteigen.

Jayla wies eindeutig Eigenschaften auf, die wir typischerweise mit Isebel in Verbindung bringen, verhielt sich aber nicht so, wie es Isebel in der Bibel tat, als sie damit konfrontiert wurde. Sie bereute von Herzen und begann, die Bibel für sich zu studieren und Schritte in Richtung Freiheit zu unternehmen. „Ich verließ die Gemeinde und meinen Liebhaber, war aber immer noch pornosüchtig", sagte sie. „Ich ging zu einer Konferenz und wusste prophetisch, dass Gott etwas Gewaltiges in meinem Leben tun würde." Und das tat er auch. Auf dieser Konferenz wurde sie auf übernatürliche Weise vom Geist der Perversion befreit und ihr Leben veränderte sich völlig.

Perversion ist übrigens einer der Geister, die Isebel benutzt, um den Verstand ihrer Opfer zu missbrauchen und zu verdrehen. Obwohl Jayla von ihm befreit wurde, versuchte dieser Geist zurückzukehren, angefangen bei ihren Gedanken. An diesem Punkt begann sie, sich mit innerer Heilung zu beschäftigen. Sie musste sich mit den Wunden, inneren Schwüren und Generationensünden auseinandersetzen, die überhaupt erst die Türen zur Perversion geöffnet hatten. „Ich wurde in einer Affäre in einer sehr inzestuösen Familie geboren", sagt sie. „Unmoral, Inzest und Vergewaltigung waren überall um mich herum, aber ich wollte diejenige sein, die sie durchbricht."

Jayla ist sehr strikt in ihrem Lebensstil. Sie hört sich keine Musik und sieht sich keine Fernsehsendungen mit sexuellen Anspielungen an, und sie vermeidet es, mit Leuten zusammen zu sein, die diese Art von Geist in sich tragen. Sie ist fest entschlossen, es gut und rein zu Ende zu bringen. Sie hat sich mit Menschen umgeben, die rechtschaffen leben und besucht eine Gemeinde, die den Heiligen Geist liebt und die Wahrheiten der Bibel praktiziert. Sie war auch froh, wieder in den Dienst zu treten. Erinnere dich daran, dass Isebel sich selbst eine Prophetin nannte, aber Jayla nicht. Stattdessen hat Jesus sie zur Prophetin berufen, und ihre Gemeinde hat ihre Berufung bestätigt. Sie weiß, dass sie weiterwachsen und regelmäßig innere Heilung und Befreiung in Anspruch nehmen muss, wenn sie bestehen will. Doch ihr größter Kampf galt nicht der Perversion und der Überwindung der Isebel-geplagten Seele. Ihr größter Kampf war der mit Scham, etwas, das sie ständig quälte und das Thema des nächsten Kapitels ist.

Mein Gebet für dich

Himmlischer Vater, ich bete für deine Töchter und Söhne, die von der finsteren Macht Isebel verfolgt und traumatisiert wurden. Ich bitte dich, sie durch deine übernatürliche Macht von den Schrecken ihrer Vergangenheit zu heilen. Im Namen Jesu löse ich sie von den Geistern der Kontrolle, des Stolzes, der Rebellion, der Manipulation, der Wut und der Perversion. Gib ihnen den Wunsch und den Mut, jedes Verhalten zu überwinden, das nach Isebel und nicht nach Jesus aussieht. Ich bitte dich, jede böse Wurzel der Isebel in ihrem Leben auszureißen und sie mit Kraft in ihrem inneren Menschen durch deinen Heiligen Geist zu stärken, damit sie nicht stehen bleiben, sondern ihren Lauf glanzvoll beenden.

Reich-Gottes-Gedanken

1. Es gibt viele Missverständnisse über den Isebel-Geist, und manche bezweifeln sogar, dass es einen solchen Geist überhaupt gibt.
2. Was die Realität des Isebel-Geistes untermauert, ist die aktive geistliche Rolle und Funktion des Geistes von Elia. Elia war der zweite Mensch, der in den Himmel versetzt wurde, ohne den Tod zu erleben. Ihm wurde auf der Erde die Aufgabe übertragen, Familien wiederherzustellen, eine Aufgabe, die bis zur Wiederkunft Christi andauern wird (vgl. Maleachi 4,5-6).
3. Ein Isebel-Geist ist eine dämonische Macht mit weltweitem Einfluss. Sie überschreitet bestimmte geografische Grenzen und kann

ganze Nationen beeinflussen.[10] Er ist das Gegenteil des Geistes von Elia und arbeitet daran, Familien und Bundesbeziehungen zu zerstören.

4. Es gibt zahlreiche Merkmale dieses überaus bösen Geistes, aber die meisten fallen in diese Kategorien: Manipulation, Kontrolle, Ungehorsam, vorgetäuschte Reue, sexuelle Unmoral und Stolz. Dieser dämonische Geist kann sowohl Männer als auch Frauen beeinflussen.[11]
5. Der Isebel-Geist ergreift nicht auf traditionelle Weise Besitz von Menschen. Vielmehr konditioniert er sie durch ein Trauma dazu, sich in ihrem Denken und ihrer Persönlichkeit in Isebel zu verwandeln. Man kann aus einer Person keinen Isebel-Geist austreiben, weil kein Geist vorhanden ist, den man austreiben könnte. Die Person ist tatsächlich zu Isebel geworden.

Reich-Gottes-Fragen

1. Was empfindest du gegenüber Autoritätspersonen, insbesondere männlichen? Fühlst du dich in der Lage, dich einer gesunden Autorität zu unterwerfen, oder kämpfst du dagegen an und widersetzt dich ihr?
2. Fühlst du dich zu Gebets- und Prophetengemeinschaften hingezogen? Betest du oder prophezeist du, um Gott und anderen wirklich zu dienen? Oder fühlst du dich durch das Beten und Prophezeien wichtig und erhaben?
3. Hast du die feste Überzeugung, dass Gott alle deine Bedürfnisse stillen wird? Oder manipulierst du Menschen, um deine Bedürfnisse zu befriedigen oder um zu bekommen, was du willst?
4. Fühlst du dich im Allgemeinen sicher und geschützt? Warum oder warum nicht? Wie verhältst du dich, wenn du dich in der Nähe von jemandem oder einer Gruppe von Menschen nicht sicher fühlst?

---

[10] Jackson, *UnMasking the Jezebel Spirit*, 2.
[11] „Jezebel Spirit in Men and Women", Curt Landry Ministries.

5. Identifizierst du dich mit einigen oder allen Eigenschaften, die typischerweise mit einer Person unter dem Einfluss von Isebel in Verbindung gebracht werden? Wenn ja, bist du bereit, Buße zu tun und den Prozess der Veränderung zu beginnen?

Kapitel 8

Freiheit von Scham

(Der Inhalt dieses Kapitels ist sensibel. Lies es mit Vorsicht.)

Jana hatte große Probleme mit Scham. Solange sie sich erinnern konnte, hatten Schamgefühle sie wie eine Wolke überschattet. „Ich habe mich für alles entschuldigt", erklärte sie. „Ich habe mich sogar für meine Existenz entschuldigt." In ihrer Kindheit hatte sie das Gefühl, dass alles ihre Schuld und sie der Grund für jedes Problem in ihrer Familie war. „Ich habe definitiv geglaubt, dass ich meiner Familie zur Last falle und nicht dazu gehöre, obwohl ich nicht erklären konnte, warum." Jana reagierte auf ihre negativen Gefühle, indem sie versuchte, das „gute Kind" zu sein, das alles perfekt machte; aber dadurch ging die Scham nicht weg. In der Highschool versank Jana in tiefe Verzweiflung, Wut und Rebellion. „Ich habe Alkohol und Drogen missbraucht und wurde sehr promiskuitiv[1]", sagte sie. „Die Männer, mit denen ich geschlafen habe? Ich erinnere mich nicht einmal mehr an ihre Namen." Jana war außer Kontrolle geraten und nicht mehr in der Lage, von irgendjemandem Liebe zu empfangen oder sich selbst Erfolg zu gönnen. Schließlich brach sie die Highschool ab.

Jana heiratete zwar, missbrauchte aber weiterhin Drogen und Alkohol. Außerdem setzte sie ihren promiskuitiven Lebensstil mit außerehelichen Affären fort. „Wenn du in Schamgefühlen gefangen bist, ist das ein Teufelskreis, den du mit deinem Verhalten zementierst", erklärte sie. Zum Glück hatte der allmächtige Jesus einen ganz anderen Plan für Jana. „Ich wusste, dass ich direkt in die Hölle kommen würde,

---

[1] Promiskuität: Geschlechtsverkehr mit beliebigen, häufig wechselnden Partnern. © Duden – Deutsches Universalwörterbuch, 8. Aufl. Berlin 2015.

aber Jesus begann ein Wunder in meinem Leben, das mit einem Traum begann.“ Sie erklärte weiter: „In dem Traum rief Jesus mich, ihm zu folgen und im Predigtdienst zu arbeiten.“ Infolge dieses eindrücklichen Traums übergab Jana ihr Leben von ganzem Herzen Jesus Christus und unternahm dann die Schritte, um für den Dienst ordiniert zu werden. Sie sagte: „Ich war mir sicher, dass der Predigtdienst Gottes Plan für mich war, weil seine Gunst mir die richtigen Türen öffnete.“ Sie erzählte, wie sie auf mysteriöse Weise und ohne Zeugnisse in eine Bibelschule aufgenommen wurde, ordiniert wurde, in verschiedenen pastoralen Diensten diente und sogar an einer Predigtschule die Bibel lehrte.

Ihre Scham hatte jedoch eine Wurzel. Als Jana dreizehn Jahre alt war, verriet ihre Nachbarin ihr Familiengeheimnis – dass Janas Mutter eine inzestuöse Beziehung hatte. „Ich stand unter Schock“, sagte sie. „War das wirklich wahr?“ Jana stellte ihrer Mutter die schwierigen Fragen, und ihre Mutter gestand, dass sie von ihrem eigenen Vater, Janas Großvater, immer wieder vergewaltigt worden war, seit sie etwa drei Jahre alt gewesen war. Außerdem hatte man ihr eine Gehirnwäsche verpasst und ihr eingeredet, durch ihre Unterwerfung unter seine perversen Annäherungsversuche würde sie dafür sorgen, dass ihre Geschwister geschützt seien, was nicht stimmte. Janas Mutter hatte diese inzestuöse Beziehung auch nach Janas Geburt fortgesetzt; Jana war allerdings kein Ergebnis davon.

„Während eines Termins für innere Heilung und Befreiung offenbarte der Heilige Geist schließlich eine tiefe Wurzel meiner Scham“, äußerte Jana schockiert und dankbar zugleich. „Er sagte mir, dass mein Großvater damit gedroht habe, mich umzubringen, wenn meine Mutter mich nicht abtreiben würde.“ Jana vergewisserte sich bei ihrer Mutter, dass dies stimmte. Dieses Familiengeheimnis war eine tiefe Wurzel für ihre Scham und wurde, einmal entdeckt, zum Katalysator für echte Heilung und Freiheit in Christus. Sie fand heraus, dass ihr Großvater ihrer Mutter nach ihrer Geburt weiterhin mit seinen Plänen gedroht hatte, Jana zu töten, dass aber ihr leiblicher Vater dagegen vorging. Doch obwohl dieser eingriff, um sie zu beschützen, hatte sich die Scham bereits fest in Janas junges

Herz eingegraben. Zu Janas Erleichterung war ihr Großvater später an Krebs gestorben.

„Ich habe meinem Großvater endlich verziehen“, sagt sie. „Ich erkannte, dass ich in meinem Leben viele schlechte Entscheidungen getroffen hatte, nur weil ich mich schämte. Jana erzählte, dass Scham ein Teufelskreis aus Selbsthass und Verurteilung ist, ein wahrer Kampf im Kopf. Dadurch dass sie klare Verheißungen in Gottes Wort ausfindig machte, konnte sie ihre extremen Gedanken und Gefühle überwinden. Sie erklärte ihren Prozess folgendermaßen: „Ich überwinde beschämende Gedanken und giftige Emotionen in meinem Kopf, indem ich mir immer wieder meine Lieblingsverheißungen aus der Bibel zuspreche. Diese Verheißungen drehen sich um Gottes volle Akzeptanz und seine tiefe Liebe zu mir.“

Jana hatte einen letzten geistlichen Kampf, kurz nachdem ihre Mutter gestorben war. Sie beschrieb, sie sei plötzlich von sexuell aggressiven Gedanken der schlimmsten Art heimgesucht worden, die aus dem Nichts kamen. Sie suchte nach Hilfe und vereinbarte einen Termin, um innere Heilung und Befreiungsdienst zu empfangen. „Als für mich gebetet wurde, sah ich in der geistlichen Welt einen Geist, der genau wie mein Großvater aussah und sich fest an meinen Rücken klammerte. Ich wusste, dass dies ein Familien-Geist war“, erklärte sie.[2] „Ich sah auch, wie sich der Dämon durch die Kraft des Gebets von meinem Rücken löste. Das war der Moment, in dem die treibenden Gedanken aufhörten.“

Jana fragt sich, ob sie einige ihrer Probleme mit Scham auch von ihrer eigenen Mutter geerbt hat. „Ich vermute, dass Scham etwas ist, das von Generation zu Generation weitergegeben wird, auf jeden Fall in der Einstellung und möglicherweise in der Blutlinie. So oder so, ich werde dem in meiner Generation einen Riegel vorschieben.“

---

[2] „Wenn es Geister gibt, die von Generation zu Generation weitergegeben werden und sich auf einem Stück Land oder in einer Familie oder Blutlinie manifestieren, nennt man diese Geister Familien-Geister.“ Lance Wallnau, „Breaking Off Familiar Spirits“, https://lancewallnau.com/breaking-off-familiar-spirits/.

Was ist Scham?

Scham ist der innere Schmerz, den wir empfinden, wenn wir unser ganzes Selbst als fehlerhaft, schlecht oder als etwas, das es zu verstecken gilt, bewertet haben. Das kann passieren, wenn wir von jemandem oder vor jemandem gedemütigt wurden, wenn wir etwas Erniedrigendes oder Widerwärtiges getan haben oder wenn wir unseren eigenen Ansprüchen oder denen anderer Menschen nicht gerecht geworden sind. Scham wird oft mit Schuldgefühlen verwechselt, die wir empfinden können, wenn wir etwas falsch gemacht haben. Das Gefühl der Schuld führt auch dazu, dass wir Reue empfinden und den Wunsch haben, etwas wiedergutzumachen. Während wir dazu neigen, unser Fehlverhalten zuzugeben oder mit anderen über eine Situation zu sprechen, die bei uns Schuldgefühle ausgelöst hat, ist es viel unwahrscheinlicher, dass wir unsere Scham zeigen. Es ist wahrscheinlicher, dass wir unsere Schamgefühle verbergen, weil Scham keinen Unterschied zwischen einer Handlung und dem Selbst macht. Bei Scham trennt die Person deshalb ihr „schlechtes" Verhalten nicht von ihrem „schlechten" Selbst, wie es bei Schuld der Fall ist.[3]

Eine Frau erzählte von ihrem Kampf mit Scham, nachdem ihr Mann sie für eine Geliebte verlassen hatte. „Ich bin jetzt wieder verheiratet, aber meine beiden Kinder haben andere Nachnamen als mein Mann und ich", sagte sie. „Ich schäme mich immer noch sehr für das, was mir und uns passiert ist." Eine andere Person berichtete von ihrem Kampf mit der Scham, nachdem sie einen verheerenden sexuellen Übergriff erlebt hatte. „Logisch gesehen wusste ich, dass es nicht meine Schuld war, aber ich konnte nicht aufhören, mir die Schuld zu geben", erklärte sie. „Ich hatte das Gefühl, ich hätte wissen müssen, dass es so kommen würde."

Ich glaube, wir sind uns alle einig, dass Scham ein sehr schmerzhaftes Gefühl sein kann, das wir nicht immer logisch überwinden können. Wie bei allen ungesunden Emotionen gibt es auch bei der

---

[3] Mary C. Lamia, Ph.D., „Shame: A Concealed, Contagious, and Dangerous Emotion", *Psychology Today*, April 4, 2011, https://www.psychologytoday.com/us/blog/intense-emotions-and-strong-feelings/201104/shame-concealed-contagious-and-dangerous-emotion

Scham verschiedene Spektren, und unbewältigte Scham kann giftig und sogar gefährlich werden.

Scham wird meist nach chronischen oder intensiven Schamerfahrungen in der Kindheit toxisch. Eltern können ihre Scham unbeabsichtigt durch verbale Botschaften oder nonverbales Verhalten auf ihre Kinder übertragen. Ein Kind kann sich zum Beispiel ungeliebt fühlen, wenn ein Elternteil deprimiert, gleichgültig, abwesend oder gereizt ist, oder es fühlt sich unzureichend, wenn ein Elternteil wettbewerbsorientiert ist oder sich überkorrekt verhält.

> Wenn sie nicht geheilt wird, kann toxische Scham zu Aggression, Depression, Essstörungen, PTBS und Sucht führen. Sie führt zu geringem Selbstwertgefühl, Ängsten, irrationalen Schuldgefühlen, Perfektionismus und Co-Abhängigkeit und schränkt unsere Fähigkeit ein, befriedigende Beziehungen zu führen und beruflich erfolgreich zu sein.[4]

Toxische Scham kann auch aus Situationen entstehen, die im Erwachsenenalter erlebt wurden, und Menschen dazu bringen, schlechte Entscheidungen im Leben zu treffen, wenn sie nicht davon geheilt werden. Es kann dazu kommen, dass Menschen sich nicht mehr würdig oder gut genug fühlen, wenn eine Erfahrung dazu führt, dass sie sich in den Augen anderer als dauerhaft befleckt, beschämt und reduziert sehen.

Eine Frau wurde zum Stadtgespräch, nachdem ihr Mann, der sich als wohlhabender Philanthrop ausgegeben hatte, wegen Betrugs im Gefängnis gelandet war. Seitdem hat sie einen schrecklichen Kampf mit Scham und kämpft darum, ihre geistliche und emotionale Stabilität zu wahren. Eine andere Situation betraf einen Pastor, dem auf einem Flug ein seltsames Missgeschick passiert war. Verschiedene Zeitungen behaupteten, er habe Alkohol getrunken und gleichzeitig Schlafmittel eingenommen und sei dann auf einem Flug in einen tiefen Schlaf gefallen. Während er schlief, träumte er, dass er die Toilette benutzte, aber er urinierte auf eine Passagierin, die neben ihm saß.

---

[4] Darlene Lancer, JD, MFT, „What Is Toxic Shame?“ Psych Central, 17. Mai 2016, https://psychcentral.com/lib/what-is-toxic-shame#4.

Ich habe dem Artikel nur Aufmerksamkeit geschenkt, weil ich wusste, wer dieser Pastor war. Beide Situationen waren schreckliche Vorfälle, die Schamgefühle auslösten und die selbst für gesunde Erwachsene nur schwer zu überwinden sind, wenn sie es nicht sehr entschlossen angehen.

Wenn sie nicht überwunden wird, kann Scham gefährlich werden. Ein beliebter Pastor, der Jugendcamps leitete und in den ganzen Vereinigten Staaten evangelistische Einsätze für Schüler im Teenageralter durchführte, entdeckte, dass jemand aus seinem Team Kinder in seinen Camps missbraucht hatte. Die Anzeichen für einen Missbrauch waren schon seit Jahren vorhanden, aber sie wurden von diesem Pastor aus einem unbekannten Grund nicht beachtet und weitgehend ignoriert. Als sich die Opfer meldeten und der sexuelle Missbrauch öffentlich wurde, verfiel der Pastor in eine Haltung toxischer Scham. Er konnte sie nicht überwinden und erschoss sich. Er hinterließ seine Frau und seine Familie. Das ist das Extrem der toxischen Scham, aber Menschen können dort landen, wenn sie nicht die Fähigkeit und die Entschlossenheit haben, ihre extremen Emotionen zu überwinden.

Was Gott über Scham sagt

Als Adam und Eva gegen Gott sündigten, verschwand ihre perfekte und schöne Hülle der Herrlichkeit. Einige gehen davon aus, dass Adam und Eva mit Gottes herrlichem Licht statt mit natürlicher Kleidung bekleidet waren.[5] *„Denn du hast ihn wenig geringer gemacht als Engel, mit Herrlichkeit und Pracht krönst du ihn"* (Ps 8,5). Das hebräische Wort für „gekrönt" in diesem Abschnitt kann

[5] Ich habe das im Laufe der Jahre von verschiedenen Kanzeln gehört, kann mich aber nicht erinnern, wer es gesagt hat. Hier sind zwei Links, die diese Behauptung unterstützen:
„Adam and Eve Clothed in Light before the Fall—Origin of This Belief?", Stack Exchange: Christianity, https://christianity.stack exchange.com/questions/47688/adam-and-eve-clothed-in-light-before-the-fall-origin-of -teaching;
Ron Bateman, „Clothed in Glory", RevivalHut.com, 10. September 2017, http://revivalhut.com/clothed-in-glory/

auch „umgeben“[6] und „einkreisen (zum … Schutz)“[7] bedeuten. Ich glaube, dass dies bedeutet, dass Adam und Eva mit Gottes Herrlichkeit bedeckt und bekleidet waren, da sie von seinem strahlenden Licht umgeben waren.

Nachdem Adam und Eva gegen Gottes Gebot verstoßen hatten – *„… aber vom Baum der Erkenntnis des Guten und Bösen, davon darfst du nicht essen; denn an dem Tag, da du davon isst, musst du sterben“* (1 Mose 2,17) –, veränderte sich ihr Leben drastisch. Plötzlich wurden sie von schwierigen Emotionen überrollt, die sie vorher noch nie erlebt hatten: Verwirrung, Trauer, Schuldgefühle, Entsetzen, Frustration und vor allem Scham. Sie hatten sich selbst, ihrer Umwelt und allen ihren Nachkommen geschadet. Nichts würde je wieder so sein wie vorher. Die Scham weckte in Adam und Eva eine menschliche Reaktion, die uns heute wohlbekannt ist. Aus Scham waren sie gezwungen, sich zu verstecken. *„Und sie hörten die Stimme des HERRN, Gottes, der im Garten wandelte bei der Kühle des Tages. Da versteckten sich der Mensch und seine Frau vor dem Angesicht des HERRN, Gottes, mitten zwischen den Bäumen des Gartens“* (1 Mose 3,8). Das ist es, was Scham bewirkt. Sie führt dazu, dass du dich vor Menschen und vor allem vor Gott versteckst. Du fühlst dich der Aufmerksamkeit, der Liebe, der Vergebung, des Gehörtwerdens oder sogar der Anerkennung unwürdig. Wenn du es zulässt, isoliert dich die Scham und sperrt dich in emotionale Isolationshaft ein.

Zum ersten Mal in ihrem Leben fühlten sich Adam und Eva entblößt, bloßgestellt und verletzlich. Ihre Augen und auch ihr Verstand waren dafür geweckt worden, nun ihre Nacktheit zu sehen. Daher schufen sie sich eine behelfsmäßige Bedeckung, indem sie Feigenblätter zusammennähten, die zwar ihren Körper, nicht aber ihre Scham bedeckten.

Und der HERR, Gott, rief den Menschen und sprach zu ihm: Wo bist du? Da sagte er: Ich hörte deine Stimme im Garten, und ich fürchtete mich, weil ich nackt bin, und ich versteckte mich. Und er

---

[6] „5849. atar“, *Strong's Exhaustive Concordance*, Bible Hub, http://biblehub.com/hebrew/5849.htm
[7] Ibid.

sprach: Wer hat dir erzählt, dass du nackt bist? Hast du etwa von dem Baum gegessen, von dem ich dir geboten habe, du solltest nicht davon essen? Da sagte der Mensch: Die Frau, die du mir zur Seite gegeben hast, sie gab mir von dem Baum, und ich aß. Und der HERR, Gott, sprach zur Frau: Was hast du da getan! Und die Frau sagte: Die Schlange hat mich getäuscht, da aß ich" (1 Mose 3,9-13).

Da Adam Eva und Eva die Schlange für ihre Sünde verantwortlich machten, handelte Gott, um ihnen eine geeignetere Bedeckung zu geben, die prophetisch auf den Tag hinwies, an dem sie dauerhaft von Scham befreit sein würden. Er vergoss das Blut einiger Tiere und fertigte aus ihren Häuten Leibröcke für Adam und Eva. Es war subtil, aber auch eine zeitlose Aussage, die ihnen zeigte, was ein Opfer bewirken kann. Ein Opfer bedeckte sie und sie konnten nun aufhören, sich vor der Gegenwart Gottes zu verstecken. Hier lernen wir, dass Gott derjenige ist, der uns kleidet, uns bedeckt und unsere Scham beseitigt.

Ich glaube, dass Gott im Voraus wusste, dass wir als gefallene Menschen unter einem schrecklichen Maß an Scham leiden würden, und zwar aus jedem erdenklichen Grund. Ich glaube auch, dass Satan die Umstände so zu inszenieren versucht, dass Scham über dich kommt. Aber warum? Wenn du unter Scham leidest, denke über die folgenden Fragen nach:

1. Warum versucht Satan alles, um dich dazu zu bringen, dich aus Scham zu verstecken?
2. Warum bist du eine solche Bedrohung für das Reich der Finsternis, dass Satan dich mit Scham lähmen musste?
3. Was würde passieren, wenn du die Scham über Bord wirfst und du als der/die gesehen und gehört wirst, der/die du in Gott wirklich bist?

Der Heilige Geist kann dich befähigen, Scham hinter dir zu lassen. Du bist dazu bestimmt, gesehen und gehört zu werden und dich nicht in Scham zu verstecken. Jesus hat unsere Schande am Kreuz auf sich genommen. Er zerbrach die Scham in Stücke und hat uns dann wieder mit seiner strahlenden Herrlichkeit bekleidet. Wir haben uns selbst als schambehaftet beurteilt, doch er hat uns gekrönt, uns zu Königen und Priestern gemacht und uns schamlos als makellos bezeichnet (vgl. Hohelied 4,7; 5,2).

Nachdem ich Dutzende von Menschen zum Thema Scham befragt habe und was die Ursache dafür ist, dass sich Scham in ihrem Leben festgesetzt hat, gab es ein Thema, das in fast jedem Gespräch zur Sprache kam – sexuelle Scham.

Der Weg aus sexueller Scham

Trotz der hypersexualisierten globalen Kultur, in der wir leben, scheint Sexualität in den meisten Gemeinden ein unangenehmes Thema zu sein. Auch gibt es in unseren Gemeinden keine sicheren Bereiche, in denen über solche Themen gesprochen werden kann. Außerdem scheint es so, als wüssten die Leute nicht, wie sie damit umgehen sollen, wenn darüber geredet wird, und machen es damit für die Menschen eher schlimmer als besser.

Ich führe nun ein Beispiel an, wie geistlich Verantwortliche sexuelle Scham manchmal verschlimmern, statt verbessern. Auf zwei verschiedenen Konferenzen, auf denen ich sprach, prangerten zwei der anderen Sprecher ein bestimmtes Verhalten einiger der Teilnehmenden an. Beide glaubten, sie hätten vom Heiligen Geist ein Wort der Erkenntnis über die Sünde der Masturbation erhalten und müssten dies ansprechen. Ein Wort der Erkenntnis ist eine der neun übernatürlichen Gaben des Heiligen Geistes, die in 1. Korinther 12,7-10 aufgeführt sind. Wenn diese Gabe aktiv ist, offenbart der Heilige Geist auf übernatürliche Weise eine Tatsache über eine Person oder eine Gruppe von Menschen, die gegenwärtig geschieht oder in der Vergangenheit geschehen ist.

Vergiss bitte nicht, dass ich ein Prophet, aber auch ein Seelsorger bin. Als Prophet bekomme auch ich Worte der Erkenntnis, aber als praktizierende Seelsorgerin habe ich gelernt, dass diese „Fakten" nicht immer öffentlich oder überhaupt gesagt werden müssen. Beide Sprecher bestanden darauf, dass die Teilnehmer, die gerade mit Selbstbefriedigung zu kämpfen hätten, entweder die Hand heben, um sich zu erkennen zu geben, oder nach vorne kommen und vor allen

Anwesenden dafür Buße tun. Ich war entsetzt über ihren Vorschlag. Ich habe schon früher Menschen bei diesem Thema seelsorgerlich begleitet, und für manche ist es nur Lust, aber bei anderen steckt ein ganzes Wurzelsystem dahinter, das seelsorgerlichen Schutz, Vertraulichkeit und Raum zur Heilung braucht. Empfänglichen Menschen zu sagen, sie sollten sich vor laufenden Kameras outen, war völlig irre. Das gab diesen armen Menschen überhaupt keine Sicherheit, um von ihrer sexuellen Scham frei zu werden. Es hat diese nur verfestigt.

Sexuelle Scham ist ein weit verbreitetes Problem im Leib Christi, und zwar eines, mit dem sehr schlecht umgegangen wird. Ich glaube, das liegt an ungesunden Ansichten über Sexualität und daran, dass wir nicht wissen, wie wir sichere Bereiche schaffen können, in denen Menschen vertraulich über ihren Missbrauch, ihre Probleme und Süchte sprechen können. Was ich im Laufe der Jahre als Seelsorgerin und auch persönlich gelernt habe, ist, dass es – unabhängig von der Ursache für sexuelle Scham oder allgemeine Scham – einen Weg heraus gibt. Du kannst das überwinden.

Wenn du in deinem Leben unter allgemeiner Scham, sexueller Scham oder toxischer Scham leidest, findest du hier einige Schritte, die dir helfen, sie zu überwinden:

1. *Brich dein Schweigen.* Beginne mit der sichersten und vertraulichsten Person, die du kennst, und brich dein Schweigen, auch wenn es sich dabei um einen bezahlten christlichen Berater oder einen Seelsorger für innere Heilung und Befreiung handelt. Erzähle ihnen so viel wie möglich von deiner Geschichte. Im Moment bist du auf der Suche nach Menschen, die dir zuhören und deine Geschichte bestätigen. Jedes Mal, wenn du darüber sprichst, nimmt die Macht der Scham ab.
2. *Sag den Leuten, was du brauchst.* Da ich in einer Führungsposition war, wussten die Leute nicht, wie sie mir so helfen konnten, wie ich es brauchte. Sie waren daran gewöhnt, dass ich emotional stark war und nicht viel emotionale Unterstützung brauchte. Noch dazu erzählte ich ihnen schockierende Dinge, die mir geschehen waren, eine Sache nach der anderen, darunter auch Details, die sie noch nie von jemandem gehört hatten. Ich musste denjenigen, die ich in

meinen Prozess einbezog, genau sagen, wie sie mich wirklich unterstützen konnten. Alle meine Bedürfnisse nach emotionaler Unterstützung wurden erfüllt, aber ich musste beschreiben, wie das für mich konkret aussah.

3. *Schaffe dir ein Unterstützungssystem.* Egal, wie stark und erfahren du als Leiter(in) bist, du brauchst Unterstützung, um aus einer tiefen Scham herauszukommen. Für mich waren das Beratungstermine, regelmäßige Gebetsdienste, persönliche Gebetspartner und vertrauenswürdige Freunde. Ich stellte mehrere Kreise von sicheren Menschen um mich herum zusammen, weil ich wusste, dass ich mich in einem schweren und sehr komplexen Kampf befand und Hilfe brauchte. Vielleicht brauchst du nicht so viel wie ich, aber du wirst Unterstützung brauchen.

Aus der Scham auszusteigen, erfordert Entschlossenheit. Die herausragenden Verheißungen in Gottes Wort können jede beschämende Situation beheben, die wir uns vorstellen können. Scham ist ein heftiger emotionaler Kampf. Und ein geistlicher Kampf. Du musst dich im Glauben an Gottes Verheißungen üben und deinen Sinn erneuern, damit du Gottes Wahrheiten über dich glaubst. Das steht zum Beispiel in Römer 10,17 (GNB): *„Der Glaube kommt also aus dem Hören der Botschaft; die Botschaft aber gründet in dem Auftrag, den Christus gegeben hat"* oder Epheser 4,23 (NeÜ): *„... werdet im Geist und im Denken erneuert."*

Kannst du genesen?

Als ich letztes Jahr begann, den Menschen, mit denen ich arbeitete und denen ich diente, auf strategische Weise mehr Details über meine Geschichte zu erzählen, nahm ich die unerwartete Reaktion einer Frau wahr. Während ich erzählte, bemerkte ich, dass sie aufgeregt war und sich sehr unwohl fühlte. Sie fragte, ob wir uns danach treffen könnten, was wir dann auch taten. Sie hatte ihre eigene schockierende Geschichte zu erzählen. „Ich möchte einfach nur, dass mir jemand glaubt", erklärte sie. In den Monaten nach unserem Gespräch geriet sie in den Strudel, den jeder Überlebende eines komplexen Traumas durchmacht, wenn das, was man so lange verdrängt hat, endlich zurückkommt und deine Aufmerksamkeit fordert. Wenn diese intensiven Emotionen auftreten, hast du immer das Gefühl, dass es zu spät ist und du nie wieder genesen wirst. Es ist aber nicht zu spät. Du wirst genesen, aber du brauchst einen Heilungsplan.

Wir bestehen aus drei Teilen: Geist, Seele und Körper. Viele von uns wissen, dass unsere körperliche Gesundheit einen Plan erfordert. Körperlich gesunde Menschen ernähren sich nach einem bestimmten Plan, nehmen Nahrungsergänzungsmittel ein und treiben regelmäßig Sport. Geistliche Menschen, d. h. Menschen, die an Jesus glauben, befolgen ebenfalls einen Plan für ihre geistliche Gesundheit. Sie lesen die Bibel und lernen sie auswendig, beten regelmäßig, fasten gelegentlich und besuchen eine gesunde Gemeinde oder Gemeinschaft. Sie nehmen auch Dienste für innere Heilung und Befreiung in Anspruch, je nach ihren Bedürfnissen. Das Gleiche gilt für unsere emotionale Gesundheit. Du brauchst einen Plan, um gesund zu werden und zu bleiben und um die emotionalen Krebsgeschwüre und Krankheiten zu überwinden, die alle Traumaüberlebenden in sich tragen. Emotionale Gesundheit ist etwas, das in vielen christlichen Kreisen weitgehend übersehen wird.

Ein *Heilungsplan* ist also die systematische Struktur, die du um dich herum aufbaust, um gesund zu werden und gesund zu bleiben. Niemand wird das für dich tun. Du musst ihn selbst erstellen und ihn dann einhalten. Hier sind einige Dinge, die ich tue, aber du solltest dir deinen eigenen Plan erstellen, der am besten zu dir passt:

- *Gründe eine Unterstützungsgruppe.* Das sind reife Menschen, denen du vertraust, die dir erlauben, deinen Schmerz zu verarbeiten, dich ermutigen und regelmäßig für dich beten.
- *Lade ein paar vertrauenswürdige Freunde in deinen Prozess ein.* Vielleicht willst du die Dinge nicht jedem mitteilen, aber du musst sie jemandem mitteilen.
- *Bewegung.* Das nimmt den hochintensiven Emotionen die Schärfe und verhindert, dass sich das Trauma in deinem Körper festsetzt

und Schmerzen verursacht.[8] Genesung ist sehr emotional. Bewegung lindert Wut, Niedergeschlagenheit, mentale Kriege und eine Menge anderer Probleme.

- *Routine.* Das hält dich auf dem Boden, besonders wenn du Probleme mit Dissoziation hast. Wenn ich mich zum Beispiel auf eine Dienstreise vorbereite, ist allein die Routine des Packens meines Gepäcks in einer vorhersehbaren Weise wirklich therapeutisch. Wenn ich zu Hause bin, scheint es mir Frieden zu bringen, wenn ich immer zur gleichen Zeit ins Bett gehe, zur gleichen Zeit aufstehe und morgens und abends bestimmte Gewohnheiten habe.
- *Plane Dinge ein, auf die du dich freuen kannst.* Das können Verabredungen zum Kaffee oder zum Abendessen sein, das Lesen eines guten Buches, Wanderungen, Strandtage usw. Es ist eine mentale Befreiung, wenn du weißt, dass du etwas tun wirst, das dir Spaß macht.
- *Finde einen christlichen Trauma-Berater.* Sie haben großartige Methoden, die dir helfen, dich von den Verwüstungen eines komplexen Traumas zu heilen. Vielleicht musst du ein paar austesten, bis du einen findest, der dir gefällt.
- *Hol dir Unterstützung.* Sprich regelmäßig mit einem Pastor oder einer reifen geistlichen Person, die an dich glaubt, sich für dich einsetzt und Glauben für deine Genesung hat. Meist musst du dieses Gespräch selbst initiieren und planen.
- *Nimm geistliche Hilfe an.* Nimm regelmäßig den Dienst der inneren Heilung und Befreiung in Anspruch. Ein komplexes Trauma hat neben der emotionalen auch eine zutiefst geistliche Seite, die es zu bewältigen gilt.
- *Führe ein Tagebuch.* Hier schreibe ich meine hässlichsten Gefühle und Erinnerungen auf, um meine Gefühle loszuwerden. Da ich eine öffentliche Person bin, ist mein Tagebuch digital und mit einem Passwort versehen, um meine Privatsphäre zu schützen.

[8] Um zu verstehen, wie sich ein Trauma auf deinen Körper auswirkt, solltest du das Buch *The Body Keeps the Score* von Bessel van der Kolk und Sean Pratt lesen (New York: Viking; 2014).

- *Habe absolutes Vertrauen auf Gott.* Wenn er Jesus von den Toten auferweckt hat, wird er auch dich auferwecken. Denke daran, dass dies ein Prozess ist, der Zeit braucht.
- *Sei freundlich zu dir selbst.* Habe Mitgefühl mit dir selbst. Du wirst schlechte Tage haben. Sei an diesen Tagen gut zu dir und verurteile dich nicht dafür, dass du nicht alles im Griff hast.
- *Erstelle Listen.* Mache eine Liste mit Dingen, die du an deinen wirklich schlechten Tagen nicht aufgeben wirst – Dinge wie Gott, seine Gemeinde, deine Ehe, dein Zuhause und deine Familie, deinen Job, dein Leben usw. Es wird Zeiten geben, in denen du alles und sogar diese Welt verlassen möchtest, weil du Schmerzen hast, die mit deiner Heilung zusammenhängen. Du musst im Voraus entscheiden, was du nicht aufgeben willst.
- *Ruhe in Gottes Verheißungen.* So emotional dies auch ist, es ist trotzdem ein Glaubenskampf. Ich mache es mir zur Gewohnheit, zu seinen Verheißungen zurückzukehren und Trost in seinen Verheißungen zu finden, dass er mich vollständig wiederherstellen und heilen will.

Es spricht viel dafür, die eigene Geschichte ans Licht zu bringen, aber normalerweise ist es ein langsamer Prozess bis dahin. Die sexuelle Scham – oder welche Art von Scham es auch immer sein mag – wird abnehmen, wenn du deine Geschichte Menschen erzählt hast, die dich nicht verurteilen oder deine Informationen missbrauchen werden. Du musst diese Menschen finden und eine Struktur um dich herum aufbauen, in der du diese Gespräche über einen langen Zeitraum hinweg immer wieder führen kannst. Du wirst auch lernen müssen, den Geist der Angst zu erkennen und zu überwinden, da er ständig versuchen wird, dich in ein Gespräch zu verwickeln.

Mein Gebet für dich

Himmlischer Vater, ich bitte dich, dass eine verstärkte Salbung auf die Leserinnen und Leser kommt, damit sie aus der Gefangenschaft der Scham befreit werden. Gib ihnen die Kraft, aus ihrem Versteck herauszukommen und ihr Schweigen zu brechen. Gib ihnen die Augen, sich selbst so zu sehen, wie du es tust: dass sie makellos und königlich sind. Erneuere gerade jetzt ihren Verstand, damit sie deine Wahrheiten über sie glauben. Du nennst sie schamfrei! Ich bete, dass sie mit dieser Wahrheit übereinstimmen und sich selbst auch schamfrei nennen. In Jesu Namen, Amen.

Reich-Gottes-Gedanken

1. Scham ist der innere Schmerz, den wir empfinden, wenn wir unser ganzes Selbst als fehlerhaft, schlecht oder als etwas, das es zu verstecken gilt, bewertet haben.
2. Scham wird oft mit Schuldgefühlen verwechselt, die wir empfinden können, wenn wir etwas falsch gemacht haben. Bei Scham trennt die Person jedoch ihr „schlechtes" Verhalten nicht von ihrem „schlechten" Selbst.
3. Jesus hat unsere Scham am Kreuz auf sich genommen und sie in Stücke zerbrochen. In ihm sind wir gekrönt und zu Königen und Priestern gemacht worden; er nennt uns „makellos".
4. Um die Scham zu überwinden, musst du an Gottes Verheißungen glauben. Du erneuerst deinen Sinn, um Gottes Wahrheit über dich zu glauben.
5. Um die Scham zu überwinden, solltest du deine Geschichte Menschen erzählen, denen du vertraust, und dir ein Unterstützungssystem aufbauen, das dir zur Seite steht und dir hilft, die Sache zu bearbeiten.

Reich-Gottes-Fragen

1. Hast du mit Scham zu kämpfen? Warum bzw. warum nicht?
2. Wenn du mit Scham zu kämpfen hast, ist sie toxisch geworden? Gefährlich? Brauchst du genau jetzt Hilfe?
3. Satan inszeniert die Umstände, um Scham über dich zu bringen. Warum benutzt Satan Scham, damit du dich versteckst? Warum bist du eine solche Bedrohung für ihn?
4. Was würde passieren, wenn du die Scham über Bord wirfst und als das gesehen und gehört wirst, was du in Gott wirklich bist?
5. Sexuelle Scham ist weit verbreitet, besonders unter Christen. Wenn das auf dich zutrifft: Bist du in einer Gemeinde, in der es sichere Orte gibt, an denen du deine sexuelle Scham bearbeiten kannst?
6. Viele haben einen Plan für ihre körperliche und geistliche, aber nicht für ihre emotionale Gesundheit. Wie bleibst du seelisch gesund? Hast oder brauchst du einen Heilungsplan?

Kapitel 9

Den Geist der Furcht besiegen

Im Jahr 2014 predigte und lehrte ich in Redding, Kalifornien, über die Gabe der Prophetie, als ich eine große, schlanke Frau mit dunklen Haaren auf mich zukommen sah. Mein Vortrag war zu Ende und einige der Teilnehmenden waren zu mir gekommen, um Fragen zu stellen oder Gebet zu empfangen. Vor ihr hatte sich eine Schlange gebildet, und sie setzte sich lässig auf das Podest neben mir, während ich Fragen beantwortete. Aus dem Augenwinkel bemerkte ich, dass sie anfing, körperlich zu zittern. Das war nicht weiter beunruhigend, da Menschen in der Gegenwart des Heiligen Geistes oft zittern, und seine Gegenwart im Raum war deutlich zu spüren. Sie zitterte jedoch weiter, nur war es stärker und heftiger geworden. Zu diesem Zeitpunkt fühlte sich ihr Zittern für meinen Geist nicht richtig an.[1] Als ich die Gelegenheit hatte, mit ihr zu sprechen, fragte ich sie zunächst nach ihrem Namen (sagen wir einfach, sie hieß Helen) und ob sie wisse, was mit ihr geschehe. Helen antwortete: „Ich habe gerade wahnsinnige Angst, und ich weiß nicht, warum."

Normalerweise erkennst du eine dämonische Manifestation, wenn du siehst, dass jemand knurrt, zischt, sich auf dem Boden schlängelt, unnatürlich schreit, die Augen nach hinten rollt usw. Gleichzeitig gibt es Menschen, die manifestieren, bei denen du dir aber nicht sicher

---

[1] Dies resultierte aus der Gabe des Heiligen Geistes, die Geister zu unterscheiden. Diese Gabe ist eine der neun Geistesgaben, die in 1. Korinther 12,7-10 aufgeführt sind, und ist die übernatürliche Fähigkeit, zwischen göttlichen, dämonischen und menschlichen Geistern zu unterscheiden. Diese Gabe ist für diejenigen, die in der inneren Heilung und Befreiung arbeiten, unerlässlich, da sie auf übernatürliche Weise wahre Herzenszustände und verschiedene Geister, die angesprochen werden müssen, aufdeckt.

bist, ob es der Heilige Geist oder etwas anderes ist. Sie fallen vielleicht plötzlich zu Boden oder lachen auf eine sehr seltsame Art und Weise. Wenn du dir unsicher bist, kannst du sie fragen, und normalerweise können sie es dir sagen. Sie werden „Es ist Gott", „Es ist dämonisch" oder „Ich weiß es nicht" sagen. Wenn es der Heilige Geist ist, kannst du einfach deine Hand auf den Arm, die Schulter oder den Kopf der Person legen und sagen: „Mehr, Herr!" Wenn es sich aber um die letzten beiden Antworten handelt, musst du die Autorität über den Dämon ergreifen und ihm nach Möglichkeit verbieten, sich weiter zu manifestieren.

Ich versuche immer, jede dämonische Manifestation zu stoppen, weil der Dämon jemanden werfen oder verletzen könnte.[2] Sag einfach: „In Jesu Namen verbiete ich diesem Geist, sich jetzt in dieser Person zu manifestieren." Vielleicht musst du das zwei- oder dreimal sagen, bevor es aufhört, aber dann kannst du leichter mit der Person sprechen und herausfinden, warum sie einen Dämon manifestiert.

Helen wusste, was mit ihr geschah. Sie sagte, sie habe „wahnsinnige Angst", was für mich bedeutete, dass sie einen Geist der Angst hatte. Daher kam das heftige Zittern. Wir wussten also, um welchen Geist es sich handelte, aber jetzt mussten wir den Grund oder die Ursache dafür finden, warum er sie dämonisiert hatte.

Um das herauszufinden, stelle ein paar Fragen, wie: „Wer oder was hat dich verletzt und dir Angst gemacht?" oder: „Wann hast du aufgehört zu vertrauen?" Was auch immer die Person dir erzählt, ist dein Ausgangspunkt, um ihr zu dienen. Denke daran, diesen Dienst als einen Prozess zu betrachten, der einige Zeit in Anspruch nehmen kann, und sei dabei so freundlich und geduldig wie möglich, besonders bei Opfern mit komplexen Traumata. Doch wenn sie ihrem Täter oder ihren Tätern erst einmal vergeben haben, werden sie leichter von den quälenden Geistern befreit werden können.[3]

---

[2] *„Und der unreine Geist zerrte ihn und rief mit lauter Stimme und fuhr von ihm aus"* (Mk 1,26).

[3] Die Bibel lehrt uns, Menschen zu vergeben, die uns geschädigt haben, denn wir werden gefangen bleiben und gequält werden, wenn wir an Kränkungen festhalten (vgl. Mt 18,21-25).

In Helens Fall wusste sie nicht, warum sie plötzlich Angst hatte, also trieb ich den Dämon einfach aus ihr aus. Ich sagte: „In Jesu Namen befehle ich dem Geist der Angst, Helen jetzt zu verlassen!“ Sie hustete und wurde kurze Zeit starr, aber dann verließ der Geist sie. Der spürbare Frieden Gottes kam über sie, als der Dämon vertrieben war. Übrigens geschah das alles in weniger als zehn Minuten und sie verließ den Raum freier als sie ihn betreten hatte.

Bei einem anderen Treffen war ich mit meinem Dienst fertig, bevor die Leute nach vorne kamen, um Fragen zu stellen, Gebet zu empfangen und sich mit anderen zu unterhalten. Ein junger Mann stand etwa zehn Meter von mir entfernt am Podium und unterhielt sich mit einem anderen Mann. Wie Helen begann auch er heftig zu zittern, und dieses Mal wusste ich, dass es ein Dämon war. Ich ging zu ihm hin und fragte: „Warum zitterst du?“ Er sagte mit großen Augen und verzweifelt: „Ich bin mir nicht sicher. Ich spüre plötzlich eine starke Angst.“ In diesem Moment empfing ich ein Wort der Erkenntnis vom Heiligen Geist. Wie die Gabe der Unterscheidung der Geister ist auch das Wort der Erkenntnis eine der neun Gaben des Geistes, die in 1. Korinther 12,7-10 aufgeführt sind, nur dass diese Gabe anders wirkt. Es ist das übernatürliche Wissen um eine Tatsache, die entweder in der Gegenwart oder in der Vergangenheit liegt und die du nicht wissen könntest, wenn der Heilige Geist sie dir nicht zeigen würde. Dieses Wort der Erkenntnis kam als plötzliches, inneres Wissen. Ich fragte ihn: „Siehst du dir Horrorfilme an?“ Er bejahte diese Frage. In dieser Situation brauchte er niemandem zu vergeben, der ihn verletzt hatte. Was er brauchte, war, von seiner Sünde umzukehren, dass er sich diese schrecklichen Filme angesehen hatte. Ich leitete ihn dann zu einem Bußgebet an und trieb den Dämon aus ihm aus.[4]

Die Bibel sagt uns eindeutig, worüber wir nachdenken und meditieren sollen:

---

[4] Ein Bußgebet sollte aufrichtig und einfach sein. Zum Beispiel: „Herr Jesus, ich bereue, dass ich mir Horrorfilme angesehen habe. Ich habe gegen dich gesündigt und bitte dich um Vergebung.“

> *Übrigens, Brüder, alles, was wahr, alles, was ehrbar, alles, was gerecht, alles, was rein, alles, was liebenswert, alles, was wohllautend ist, wenn es irgendeine Tugend und wenn es irgendein Lob gibt, das erwägt!* (Phil 4,8).

Einfach ausgedrückt: Du kannst dich nicht angsteinflößenden Dingen aussetzen, ohne dass du in der Folge dämonisiert wirst.

Wenn sexuelle Scham zu Angst führt

Malin wurde als drittes von vier Kindern in eine Familie hineingeboren, in der sie von Geburt an vernachlässigt und missbraucht wurde. Als sie aufwuchs, wusste sie oft nicht, wann sie ihre nächste Mahlzeit bekommen würde, und ihre Grundbedürfnisse wurden nicht erfüllt. Ihre Eltern ließen sich scheiden, und erst später erfuhr sie, dass ihre Mutter an schweren Depressionen und Schizophrenie litt. „Meine Mutter lag von morgens bis abends in ihrem Zimmer auf dem Bett und rauchte ständig Zigaretten“, sagte Malin. „Nachts riss sie mich oft aus dem Bett, während ich schlief, und fuhr mit mir im Auto davon, weil sie glaubte, sie würde von jemandem verfolgt. In einem Szenario nach dem anderen wurde sie von ihrer Mutter in furchtbare Situationen mit erwachsenen Männern gebracht. „Ich wurde im Alter von sechs Monaten bis zwölf Jahren von den Freunden meiner Mutter sexuell missbraucht“, sagte sie. „Ich wachte in fremden Betten mit Männern auf, die ich nicht kannte, und ich weiß nicht, wie ich dorthin gekommen bin.“

Um den schrecklichen Missbrauch zu überleben, begann Malin, ihre Seele zu spalten und zu dissoziieren. Als sie älter wurde, versuchte sie, mit Drogen, Alkohol und Sex den starken emotionalen Schmerz zu unterdrücken, den sie immer spürte. „Ich hatte ein tiefes Gefühl der Scham und Schwierigkeiten, mich überhaupt sicher zu fühlen“, erzählte Malin. „Meine Identität war die eines missbrauchten, kaputten, zerstörten und schmutzigen Kindes.“ Ihre Mutter zog dann mit ihr und ihren Geschwistern auf die andere Seite des Landes und meldete sie überraschend in einer christlichen Schule an. Ihre Mutter erzählte jedem, der ihr über den Weg lief, auch ihrem neuen Schuldirektor, was

Malin passiert war, was ihr nur noch mehr Scham und ängstliches Misstrauen einflößte. Doch ihr Leben änderte sich, als der Direktor ein sehr einfühlsames und hilfreiches Gespräch mit ihr begann.

„Mein Direktor kam in der Schule auf mich zu und setzte sich neben mich, um mit mir zu reden", erklärte Malin. „Er erzählte mir von einem Mann namens Jesus, der mich liebt und den Grund für all meine Tränen kennt." Als Malin hörte, dass Jesus ein „Mann" ist, reagierte sie zunächst mit Schmerz und verschloss sich. Sie wollte keine Beziehung zu einem „Mann", soweit es sie betraf. Trotzdem blieb der Schulleiter dran und lud sie ein, Jesus in ihr Leben aufzunehmen.

„Das war der Wendepunkt in meinem Leben. Endlich verstand ich, dass es mehr in meinem Leben gab, als gebrochen und missbraucht zu sein." Malin wurde im Alter von vierzehn Jahren wiedergeborene Christin. Ihre Beziehung zu Jesus war echt und aufrichtig, aber das hat den Schmerz und die Erinnerungen nicht sofort vertrieben. Sie musste heil werden und lernen, wie sie aus ihrer Zerrissenheit, ihrer tiefen Scham und den Angstreaktionen, die damit einhergingen, herauskommen konnte. Die gute Nachricht ist, dass Malin heute Ehefrau und Mutter von drei Kindern ist und die beste Zeit ihres Lebens hat, auch wenn der Heilungsprozess noch andauert.

Kannst du mit ihrer Geschichte etwas anfangen? Bist du Christ und liebst Jesus, hast aber mit einer starken Angst zu kämpfen, die in sexueller Scham wurzelt? Malins Geschichte mag extrem erscheinen, aber ich habe schon unzählige Geschichten von äußerlich erfolgreichen Männern und Frauen – allesamt Christen – gehört, die von sexuellem Missbrauch geheilt wurden oder aus einem perversen Lebensstil ausstiegen. Aber diese Scham führte dazu, dass sie in ungesunder Furcht lebten.

Gesunde vs. ungesunde Furcht

Es gibt gesunde und ungesunde Furcht. Wir brauchen zum Beispiel eine gesunde Furcht vor dem Herrn. Joan Hunter schreibt in ihrem Buch *Annihilate Fear* („Furcht auslöschen"), die Furcht des Herrn sei „Ehrfurcht vor Gott, eine Haltung der Ehrfurcht und des Staunens über Gottes Größe und seine wunderbaren Wege. Es bedeutet, ihn zu ehren, ihm zu gehorchen, ihn zu respektieren, zu preisen und anzubeten".[5] Außerdem stellt sie die wahre Gottesfurcht den „Höllenfeuer-Botschaften" gegenüber, die von Evangelisten und Pastoren in früheren Zeiten gepredigt wurden. Sie schreibt: „Menschen Angst einzujagen, um sie in den Himmel zu scheuchen, ist nicht von Gott."[6] Gesunde Furcht hält uns auch in Sicherheit und von Gefahren fern. Gesunde Furcht macht uns darauf aufmerksam, dass eine hohe Klippe unsicher ist, dass eine zwielichtige Person gefährlich sein könnte und dass wir nicht zu weit in den Ozean hinausschwimmen sollten.[7] Als Eltern bringen wir unseren Kindern eine gesunde Furcht vor vielen Dingen bei, um sie zu schützen. Wir bringen ihnen bei, keine heiße Herdplatte anzufassen, keine Reinigungschemikalien zu essen, beim Überqueren einer Straße auf Autos zu achten und nicht mit Fremden zu sprechen.

Furcht wird zu ungesunder Furcht, wenn wir unser Leben in Reaktion auf eine Gefahr leben, die nicht real ist. Malin war (wie im letzten Abschnitt beschrieben) zum Beispiel der ungesunden Furcht ihrer Mutter ausgesetzt, die glaubte, dass sie von jemandem verfolgt wurde. Das war nicht real. Ihre Mutter wurde von einer ungesunden, halluzinativen Furcht getrieben. Die Bibel sagt, dass diese Art von Furcht von einem Dämon kommt. Der Apostel Paulus gab seinem Schützling Timotheus diese Worte mit auf den Weg: *„Denn Gott hat uns nicht gegeben den Geist der Furcht, sondern der Kraft und der Liebe und der Besonnenheit"* (2 Tim 1,7 LUT).

Wenn du dich fragst, ob Furcht nur ein überwältigendes Gefühl ist oder ob sie auch geistliche Dimensionen hat, dann bedenke, dass es über hundert kategorisierte Phobien gibt, die von Klaustrophobie, der Angst vor engen Räumen, bis hin zu Nyktophobie, der Angst vor der Dunkelheit, reichen. Es gibt sogar eine Kategorie namens

---

5 Joan Hunter, *Annihilate Fear* (Pinehurst, Tex.: Joan Hunter Ministries, 2021), Kindle edition, 23-24.

6 Ibid., 24.

7 Polly Tig, „What's the Difference Between Healthy Fear and Phobia", Anxiety, Panic, and Health, https://anxietypanichealth.com/2019 /07/26/whats-the-difference-between-healthy-fear-and-phobia

Scopophobie, die Angst davor, angestarrt zu werden.[8] Die Mediziner nennen sie vielleicht Phobien, aber alle diese Phobien haben ihre Wurzeln in einem Geist der Furcht. Ein Geist der Furcht kann einen Einzelnen befallen, aber auch ganze Regionen und sogar Nationen.

Massenhysterie

Im Jahr 1999 wurden die Nationen von einer Massenhysterie wegen dem Jahr-2000-Problem erfasst, das zu Beginn des Jahres 2000 die Computer, Kraftwerke und Gebäudeleitsysteme der Welt lahm zu legen drohte. Als in den 1960er Jahren die ersten komplexen Computerprogramme geschrieben wurden, verwendeten die Ingenieure einen zweistelligen Code für die Jahreszahl und ließen die „19“ weg. Als das Jahr 2000 näher rückte, glaubten viele, dass die Systeme die „00“ nicht richtig interpretieren würden und es deshalb zu einem großen Ausfall des globalen Systems kommen würde.[9]

Ich persönlich erinnere mich daran, dass die Menschen als Reaktion auf diese vermeintliche Krise in eine Art Hortungsmentalität verfielen. Gemeinsam räumten sie die Regale in den Lebensmittelgeschäften leer, hoben Geld von ihren Bankkonten ab, kauften Stromgeneratoren und bereiteten sich auf das Schlimmste vor. Der Leib Christi war in dieser Frage im Allgemeinen gespalten. Einige Leiter und Gemeindemitglieder wollten sich nicht beunruhigen lassen, während andere zwar optimistisch, aber vorsichtig waren. Natürlich gab es auch die üblichen christlichen Mediengiganten, die mit ihren Büchern und Vorbereitungspaketen eine apokalyptische Botschaft verbreiteten. Es gab auch Pastoren, die sich von der Weltuntergangsbotschaft anstecken ließen und sie auf ihren Kanzeln verkündeten.[10]

---

[8] Wikipedia: „Scopophobia“, *Wikipedia, The Free Encyclopedia*, https://en.wikipedia.org/wiki/Scopophobia

[9] „Y2K Bug“, https://www.nationalgeographic.org/encyclopedia/Y2K-bug

[10] Lisa Miller, „Preacher Takes on Y2K Bug to Stop the Apocalyptic Panic“, *Wall Street Journal*, January 21, 1999, https://www.wsj.com/articles/SB916814628926523000; Rob Boston, „Apocalypse Now?“ Americans United for Separation of Church

Dann, um Mitternacht, begann das Jahr 2000, und es passierte überhaupt nichts. Die Flugzeuge fielen nicht vom Himmel, Autos und andere Verkehrsmittel fuhren ohne Unterbrechung weiter, und die Bankkonten wurden nicht, wie vorhergesagt, leergeräumt. Manche glaubten, es sei alles ein großer Scherz gewesen, doch so war es nicht. Es gab zwar ein Problem, aber die Programmierer hatten hinter den Kulissen an der Lösung des Problems gearbeitet. Dennoch verbreiteten ruchlose Kräfte über das Internet und die Nachrichtenmedien Massenangst, während opportunistische Christen viele Mitchristen in eine apokalyptische Hysterie hineinzogen. Wie konnte der Jahr-2000-Wahn so viele Menschen im Leib Christi erfassen? Rückblickend betrachtet, haben sich zu viele Menschen im Internet informiert und die Fülle an falschen Nachrichten und Propaganda nicht erkannt. Sie wussten auch nicht, wie sie die Stimme Gottes durch den Lärm der Massenhysterie hören konnten.

Zum Glück gab der Heilige Geist sowohl meinem Mann als auch mir unabhängig voneinander eine gleichlautende Botschaft. Er sagte uns, wir sollten uns nicht auf eine Katastrophe vorbereiten, keine Vorräte oder Besitztümer horten und die Vorhersagen für den Weltuntergang im Jahr 2000 würden nichts bedeuten. Mein Mann sprach in unserer Gemeinde darüber, und viele hörten zu. Wir hatten trotzdem einige Gemeindemitglieder, die von den apokalyptischen Botschaftern in den christlichen Medien in den Bann gezogen worden waren. In ihrem Schrecken kauften sie Stromgeneratoren und horteten Lebensmittel und Waffen bis zum ersten Tag des Jahres 2000. Sich in Zeiten wie diesen auf Gottes Frieden und Verheißungen zu verlassen, musste die Gemeinde Gottes auch in den folgenden Jahren lernen.

Weniger als ein Jahrzehnt später erlebten wir den amerikanischen Immobiliencrash und die anschließende Rezession. Dies geschah im Gefolge dessen, was viele als betrügerische Kreditvergabepraktiken betrachteten, bei der verschiedene Kreditgeber Hauskäufern Darlehen gewährten, die sie sich nicht leisten konnten.[11] In den Vereinigten

---

and State, March 1999, https://www.au.org/church-state/march-1999-church-state/featured/apocalypse-now.

[11] National Paralegal College, „The Subprime Mortgage Crisis: Causes and Lessons Learned-Module 4 of 5“, Law Shelf Educational Media,

Staaten kam es zu massenhaften Ausfällen von Hauskrediten, was zum Börsencrash von 2008 führte. Wenn wir damals durch unsere Nachbarschaft fuhren, sahen wir an vielen Häusern Schilder, die Zwangsversteigerungen und Notverkäufe ankündigten. Viele Menschen hatten ihr neues Eigenheim verlassen und ihre Hypothek nicht mehr abbezahlt.

Wieder einmal überkam eine verrückte Angst die Nation, und die Menschen begannen, ihr Geld zu horten. Es herrschte eine weit verbreitete Furcht vor einem schweren finanziellen Zusammenbruch. Wir stellten fest, dass viele Christen Gottes Verheißungen für unsere Versorgung nicht kannten oder ihnen nicht vertrauten. Sie gehorchten ihren Ängsten und enthielten ihren Gemeinden sogar die finanzielle Unterstützung vor, was zur Folge hatte, dass einige Gemeinden geschlossen werden mussten. Mein Mann und ich lernten in dieser Zeit, Gott auf einer ganz neuen Ebene zu vertrauen. Wir hatten unserer Gemeinde immer Gottes biblische Anweisungen für das Geben beigebracht, und ebenso, wie man bewusst finanzielle Samen sät und seine finanzielle Versorgung erntet. Wenn Gott deine Quelle ist, wirst du in jeder Situation gedeihen. Wir waren dankbar, dass wir ein größeres Bauprojekt, das wir kurz vor der Krise begonnen hatten, noch fertigstellen konnten. Unser einziger Dämpfer war, dass wir etwas Personal abbauen mussten – das erste Mal, seit wir dort waren.

Es gab eine beklemmende Angst, die die Menschen monatelang beherrschte, als unsere Nation durch diese Finanzkrise steuerte. Der Heilige Geist sprach sein strategisches Gegenmittel in das Herz meines Mannes. Er sagte ihm, er solle ein Speisungsprogramm für die Armen in unserer Stadt starten und erinnerte ihn daran, dass es denen, die den Armen geben, nie an etwas mangeln wird (vgl. Spr 28,27). Obwohl diese gesamte Zeit ein Glaubensweg war, den ich nie vergessen werde, sorgte Gott für uns. Der schwierigste Teil im Kampf gegen die Massenangst bestand darin, sich jeden Tag aus ihrem mentalen Würgegriff zu befreien und unseren Glauben fest auf Jahwe Jireh – den Herrn, unseren Versorger –, zu richten. Schließlich ging das alles

---

https://lawshelf.com/videocoursesmoduleview/the-subprime-mortgage-crisis-causes-and-lessons-learned-module-4-of-5/; Elinore Longobardi, „How 'Subprime' Crushed 'Predatory,'" *Columbia Journalism Review*, September/October 2009, https://archives.cjr.org/feature/how_subprime_crushed_predatory_1.php.

vorbei und das finanzielle Vertrauen in die Öffentlichkeit und die Gemeinde Gottes wurde wiederhergestellt.

Ein weiteres Jahrzehnt später erschütterte der Geist der Furcht die Nationen erneut mit einer Massenhysterie. Ich hatte gerade ein gesegnetes Seminar für innere Heilung und Befreiung mit Katie Souza und Apostel John Eckhard in der *Harvest Church* in Turlock (Kalifornien) beendet. Dann machte ich mich mit einer Frau aus Australien, die bei uns zu Gast war, auf den Weg nach San Francisco, um vor ihrer Abreise mit ihr noch die Stadt zu besichtigen. Ich hatte keine Ahnung, dass sich die Welt in weniger als einer Woche verändern würde. Im Hotel teilte uns der Rezeptionist mit, dass einige Geschäfte in der Stadt wegen einer möglichen Pandemie geschlossen seien. Als wir uns auf den Weg machten, schien es, als würde die Stadt die Nachricht nicht allzu ernstnehmen. Alles war größtenteils noch geöffnet, mit einigen Änderungen hier und da. Wir beendeten unsere Einkäufe und Touren und ich setzte meinen Gast am Flughafen ab. Zu unserem jähen Schock wurde sie nach ihrer Ankunft in Australien zwei Wochen lang in ihrem Haus unter Quarantäne gestellt. Und innerhalb weniger Tage wurde unser ganzes Leben und unsere Arbeit auf Eis gelegt.

Die Nachrichten über Pandemie, Krankheit und Tod rollten wie ein Tsunami durch die Nachrichtenmedien und das Internet. Aus dem anfänglich vorgeschriebenen Shutdown von vierzehn Tagen wurde mehr als ein Jahr. Ich beobachtete, wie die Angst die Menschen zu zahlreichen Überreaktionen trieb, z. B. zum Horten von Lebensmitteln und dem monatelangen Verstecken in ihren Häusern. In der Öffentlichkeit und in den sozialen Medien kam es zu wütenden Worten und Auseinandersetzungen gegen diejenigen, die je nach persönlicher Überzeugung eine Gesichtsmaske trugen oder nicht. Wir erlebten die übliche Spaltung unter Christen, aber das politische Klima und die Präsidentschaftswahlen haben meiner Meinung nach viel dazu beigetragen. Ich habe mich nie mit COVID angesteckt, kannte aber viele, denen es passierte. Was ich viel mehr beobachtet habe als die Ansteckung mit dem Virus war die lähmende Angst, die die Menschen in eine Art Wahnsinn trieb. Wenn du von einem Geist der Angst bedrückt wirst, hast du keinen klaren Verstand mehr. Es ist ein Geist, der dich verrückt macht.

Der Geist der Angst greift nicht nur Einzelne an, sondern will ganze Nationen erschüttern und zerstören. Ich bin davon überzeugt, dass Massen von Menschen nach der Pandemieangst im Jahr 2020 dringend eine klassische Befreiung brauchen. Wo immer die Angst regieren darf, wird sie dir Gottes Segen rauben. Wir müssen uns von dem Geist der Angst und allen Geistern, die durch das Tor der Angst über die Nationen gekommen sind, lösen.

Angst stiehlt deine Segnungen

In Ägypten erlebten die Israeliten bei ihrem Auszug aus der Sklaverei und Knechtschaft außergewöhnliche Wunder. In 2. Mose 4–14 forderte Gott den Pharao durch Mose auf, „mein Volk ziehen zu lassen", und unterzeichnete dann seinen mächtigen Erlass mit sofortigen Strafmaßnahmen. Die Ägypter wurden daraufhin von zahlreichen Plagen und Seuchen heimgesucht, und die Gewässer des Landes verwandelten sich auf übernatürliche Weise in Blut. Eine erschreckende und spürbare Dunkelheit kam und durchdrang das gesamte ägyptische Volk, während das Gebiet der Israeliten im natürlichen Sonnenlicht blieb. Schließlich kam der Todesengel und tötete alle Erstgeborenen in Ägypten, ließ aber die israelitischen Familien und das Vieh unversehrt. Das große Finale war die wundersame Teilung des Roten Meeres. Es teilte sich, als Mose seine Hand über das Wasser erhob, und die Israeliten zogen trockenen Fußes durch das Meer, während sie von den ägyptischen Armeen verfolgt wurden. Als sie es durchquert hatten, hob Mose erneut die Hand und das Wasser kehrte an seinen Platz zurück und ertränkte die ägyptischen Verfolger. Das war ihr unvergesslicher Auszug aus einer schrecklichen dämonischen Festung. Doch Gott holt dich nie aus etwas heraus, ohne dich in etwas hineinzubringen.

Gott hatte den Israeliten ein gutes und großes Land versprochen, „ein Land, in dem Milch und Honig fließen" (2. Mose 3,8). Als sie an den Grenzen dieses Landes ankamen, schickten die Israeliten zwölf Kundschafter aus, um das Land zu erkunden. Die ganze Landschaft triefte vor Überfluss, nur die wehrhaften Bewohner mussten vertrieben werden. Trotz der mächtigen Befreiung aus der ägyptischen Knechtschaft durch Gott verloren zehn der zwölf Kundschafter die Nerven. Sie zeigten Gott und allen anderen gegenüber kein Rückgrat und brachten das Land in Verruf. Mit ihren angsterfüllten Berichten verunsicherten sie das gesamte israelitische Volk. Gott reagierte auf ihre Angst und ihren Unglauben, indem er dieser Generation ihre Verheißung verweigerte. Sie mussten vierzig Jahre lang in der Wüste umherwandern, bis sie alle gestorben waren.

„Angst ist ein Prophetengeist aus der Hölle", sagt Jimmy Evans, Autor und Co-Moderator von *MarriageToday*, einer Fernsehsendung. „Er erzählt uns Lügen über die Zukunft, um uns dazu zu bringen, ängstlich zu reagieren und nicht im Glauben zu gehorchen."[12] Der Geist der Angst ist ein Dieb. Er hält dich davon ab, Risiken einzugehen, und auch, Gott zu vertrauen.

Angst ist das Gegenteil von Glauben. Die Art und Weise, wie wir den Geist der Angst besiegen, ist, dass wir Gott und seinem Wort vertrauen. Josua und Kaleb waren die beiden ersten Spione, die Gott vertrauten und bewahrt wurden, anstatt vorzeitig zu sterben. Josua wurde auch Moses Nachfolger und führte die nächste Generation der Israeliten in ihr verheißenes Land. Gott befahl Josua ausdrücklich, mutig zu sein und sich nicht zu fürchten. Es war die Angst, die der vorherigen Generation den Segen des Landes gestohlen hatte. Es gab reichlich Gelegenheit, Angst zu haben, und wenn Josua seinen Ängsten gehorcht hätte, wäre eine weitere Generation gezwungen gewesen, durch die Wüste zu ziehen. Genügend Glaube entsteht jedoch nicht einfach von innen heraus; wir müssen ihn kultivieren.

[12] Jimmy Evans (@PsJimmyEvans); „Angst ist ein Prophetengeist aus der Hölle. Er erzählt uns Lügen über die Zukunft, um uns dazu zu bringen, in Angst zu reagieren und nicht im Glauben zu gehorchen. Besiege die Angst durch Glauben", Twitter, 18. Juli 2012, 7:47 Uhr, https:// twitter.com/PsJimmyEvans/status/225557370154131457.

Wunder kultivieren – Glaube empfangen

Ich hatte bereits erwähnt, dass Gott den Glauben als Gabe des Heiligen Geistes in dir freisetzen will, damit du bestimmte Dinge in Bezug auf innere Heilung und Befreiung empfangen kannst. Es gibt Dinge, die ohne diese Gabe nicht heilen oder aus dir weichen werden. Wenn du die Gabe des Glaubens verstehen willst, musst du jedoch zuerst den Glauben im Allgemeinen verstehen.

Die erste Kategorie des Glaubens ist der *rettende Glaube*. Das ist der Glaube, der uns zur Errettung in Christus führt. Der Apostel Paulus erklärte: *„Denn aus Gnade seid ihr gerettet – durch Glauben. Dazu habt ihr selbst nichts getan, es ist Gottes Geschenk und nicht euer eigenes Werk. Denn niemand soll sich etwas darauf einbilden können"* (Eph 2,8 NeÜ). Das zweite ist der *allgemeine Glaube*, den jeder Gläubige hat. Wir lesen: *„... wie Gott einem jeden das Maß des Glaubens zugeteilt hat"* (Röm 12,3). Die dritte ist die *Frucht des Glaubens* bzw. die Treue, die eine Frucht des Heiligen Geistes in unserem Leben ist. Diejenigen, die die Frucht des Glaubens entwickelt haben, werden ihre Beziehung zu Jesus nicht aufgeben, egal was passiert. Und die letzte Kategorie ist die *Gabe des Glaubens*. Die Gabe des Glaubens ist eine der neun Gaben des Heiligen Geistes, die in 1. Korinther 12,7-10 erwähnt werden *(... einem anderen aber Glauben in demselben Geist ...")* und ist ein übernatürlicher und kein gewöhnlicher Glaube. Die Gabe des Glaubens ermöglicht es dir, Wunder zu empfangen.

Gott hat jedem von uns ein gewisses Maß an Glauben zugeteilt, aber dein Glaube muss auch gepflegt und entwickelt werden. Der Glaube beginnt mit Gottes Wort, das man mit einem Samen vergleichen kann, der in unser Herz gepflanzt wird.[13] Der Glaube ist etwas, das wachsen kann, und er wächst, wenn wir Gottes Verheißungen für unser Leben immer wieder hören und uns bewusst machen.[14] In Hebräer 11 lesen wir, dass der Glaube die Grundlage dessen ist, was wir

[13] Dies basiert auf dem Gleichnis vom Sämann: „Der Sämann sät das Wort" (Mk 4,14)

[14] *„Der Glaube kommt also aus dem Hören der Botschaft; die Botschaft aber gründet in dem Auftrag, den Christus gegeben hat"* (Röm 10,17 GNB).

erhoffen, und ein Überzeugtsein von Dingen, die Gott uns schenken will, die aber noch ausstehen, und dass wir durch den Glauben ein gutes Zeugnis erhalten werden.[15] Der Glaube kennt also Gottes Wort und glaubt, dass es wahr ist, auch wenn es noch nicht eingetreten ist. Der Glaube versetzt dich auch in die Lage, dass sich Gottes Verheißungen in deinem Leben verwirklichen. Schließlich schafft ein Lebensstil, der den Glauben kultiviert, die Voraussetzungen dafür, dass die Gabe des Glaubens aktiviert wird. Auf wundersame Weise wird die Gabe des Glaubens die Teile in dir heilen, die zerschmettert, zersplittert und zerbrochen sind und ein übernatürliches Wunder brauchen, um wieder gesund zu werden.

Du bist zu einer Waffe geworden

Letztes Jahr war ich in England, um eine prophetische Konferenz zu leiten. Zu reisen und auf diese Weise zu dienen, war weiterhin lohnend und fruchtbar und bot eine gesunde Ablenkung. Ich hatte immer noch mit unzähligen wiedererlangten Erinnerungen zu kämpfen und das Gefühl, meinen Kampf gegen „einen lebendigen Albtraum“, wie ich es nannte, zu verlieren. Gleichzeitig kam eine größere Salbung für Wunder über mein Leben, wie ich sie noch nie zuvor erlebt hatte. Jedes Mal, wenn diese Art Konferenzen zu Ende gingen, nahm die Salbung wie sonst auch ab, und ich versank dann wieder in eine zornige, emotionale Verzweiflung. In seiner Güte sprach Gott mächtig zu meinem Herzen, während ich in London war. Er sagte: „Satan hat alles versucht, um dich zu besiegen. Du wurdest aber nicht besiegt. Du wurdest zu einer Waffe.“ Als ich diese Worte hörte, kam ein Schimmer des Glaubens in mein Herz. Es war nur ein Schimmer, aber Jesus verglich im Evangelium den Glauben an das Königreich mit einem Senfkorn.[16] Ein Senfkorn hat einen Durchmesser von etwa ein bis

---

[15] *„Es ist aber der Glaube eine feste Zuversicht dessen, was man hofft, und ein Nichtzweifeln an dem, was man nicht sieht. In diesem Glauben haben die Alten Gottes Zeugnis empfangen“* (Hebr 11,1-2 LUT).

[16] *„Wie sollen wir das Reich Gottes vergleichen? Oder in welchem Gleichnis sollen wir es darstellen? Wie ein Senfkorn, das, wenn es auf die Erde gesät wird, kleiner ist als alle (Arten von) Samen, die auf der Erde sind; und wenn es gesät*

zwei Millimetern, kann aber zu einer sechs bis neun Meter hohen Pflanze werden. Mit anderen Worten: Dein winziges Senfkorn des Glaubens kann zu großer Höhe und Stärke heranwachsen und großen Bergen befehlen zu weichen.

Nachdem die prophetische Konferenz in England zu Ende war, verließ ich den Konferenzraum, um an einigen Schulungstreffen in einer Baptistengemeinde in der Nähe teilzunehmen. Als ich dann am Sonntagmorgen im Gottesdienst predigte, bemerkte ich ein Mädchen in den Zwanzigern, das in einem Rollstuhl saß. Sie war über ihren Stuhl gebeugt, hatte die Augen geschlossen und den Kopf auf ihre Hand gestützt. Sie war körperlich schwach und müde, hatte aber noch nicht sehr lange im Rollstuhl gesessen. Womit auch immer sie zu kämpfen hatte, es war etwas Neues. Als ich genauer hinsah, bemerkte ich ein paar vertraute Dinge. Mir fiel auf, dass sie ähnlich aussah wie ich, nachdem mein Körper in der Mittelstufe der Highschool zusammengebrochen war. In diesem Moment wusste ich, was ihr Problem war. Ich wusste, dass sie vergewaltigt worden und ihr Körper unter der Wucht des Traumas zusammengebrochen war. Dann fragte ich, ob ich nach dem Gottesdienst privat für sie beten könne.

Ich beendete meinen Gebetsdienst und schloss den Gottesdienst ab. Dann wurde ich in einen Hinterraum geführt, wo sie auf mich wartete. Die junge Frau erzählte mir ihre Geschichte, eine Geschichte, die bestätigte, was ich bereits vermutet hatte. Sie beschrieb, wie sie bei einem Date vergewaltigt worden war und nun unter lähmender Müdigkeit und anderen Komplikationen litt. Sie konnte kaum noch gehen, ihr ganzes Leben war praktisch auf Eis gelegt.

Daraufhin erzählte ich ihr, dass auch ich in der Highschool-Zeit unter Drogen gesetzt und vergewaltigt worden war und eine ähnliche körperliche Reaktion hatte. „Ich kannte Jesus in dieser Zeit nicht, aber du schon", erklärte ich. „Was ich aber wusste, war, wie ich mir

---

ist, geht es auf und wird größer als alle Kräuter, und es treibt große Zweige, sodass unter seinem Schatten die Vögel des Himmels nisten können" (Mk 4,30-32); *„Wegen eures Kleinglaubens; denn wahrlich, ich sage euch, wenn ihr Glauben habt wie ein Senfkorn, so werdet ihr zu diesem Berg sagen: Hebe dich weg von hier dorthin!, und er wird sich hinwegheben. Und nichts wird euch unmöglich sein"* (Mt 17,20).

meinen Körper zurückholen konnte." Ich erklärte weiter, dass eine Vergewaltigung gleichbedeutend damit ist, dass dir dein Körper gestohlen wird, und dass er dir nicht höflicherweise zurückgegeben wird. „Du musst dir alles zurückholen, was dir gestohlen wurde, auch deinen Körper", betonte ich. „Ich bin von Gott hierher gesandt worden, um dir zu zeigen, dass das möglich ist.

Irgendetwas an meinen Worten hat sie beeindruckt. Sie sah mich an und der Glaube stand in ihr auf. Als sich der Glaube in ihr erhob, erhob sie sich auch aus ihrem Rollstuhl. Dann ließ sie den Rollstuhl stehen und ging in den Gottesdienstraum. Alle, die dortgeblieben waren, staunten nicht schlecht, als sie wie ein völlig neuer Mensch das Gebäude verließ.

Dieses Wunder geschah durch mein Senfkorn des Glaubens. Wenn Gott damals so mächtig gewirkt hat, als ich innerlich noch so krank war, was wird er erst dann tun, wenn ich wieder gesund bin? Das ist der Grund, warum ich meine Geschichte erzähle. Ich befinde mich immer noch im Heilungsprozess, aber ich weiß, wie ich genesen kann. Ich weiß, dass ich für jede Situation, die mir begegnet, ein Wort von Gott finden kann. Ich weiß, wie ich an dieses Wort glauben und dranbleiben kann, bis es eintrifft. Das ist mein Geheimnis, und es funktioniert jedes Mal. Ich weiß auch, dass dieses Buch deinen Glauben geweckt hat. Jetzt weißt du, dass es für dich noch nicht zu spät ist und dass du selbst vom Allerschlimmsten genesen kannst. Eines Tages wirst auch du deine Geschichte erzählen.

Mein Gebet für dich

Heiliger Geist, ich bitte dich, die Herzen und den Verstand der Leserinnen und Leser zu befreien, die in der Knechtschaft eines Geistes der Angst gelebt haben. Versiegle die heilenden Worte dieses Buches in ihren Herzen und vollende das gute Werk, das du in jedem von ihnen begonnen hast. Schenke ihnen das Herz, das sie brauchen, um ihren Weg der inneren Heilung und Befreiung bis zur Vollendung fortsetzen zu können. Ich proklamiere: Sie werden alles überwinden und ihre Geschichten den Menschen erzählen. In Jesu Namen, Amen.

Reich-Gottes-Gedanken

1. Manche dämonischen Manifestationen werden durch den Geist der Furcht verursacht (vgl. 2. Timotheus 1,7). Es gibt verschiedene Gründe oder Ursachen, die diesem Geist die Tür öffnen, um jemanden zu unterdrücken.
2. Der Geist der Furcht kann einen Einzelnen befallen, aber auch ganze Regionen und sogar Nationen mit Massenhysterie befallen.
3. Die Angst wird deinen Segen stehlen. Du musst dich von ihr lösen und Gottes Wort im Glauben gehorchen.
4. Der Glaube ist etwas, das wir kultivieren und wachsen lassen, wenn wir Gottes Verheißungen für unser Leben einstudieren. Durch den Glauben werden wir ein gutes Zeugnis haben.
5. Es gibt auch Glaube als eine Gabe des Heiligen Geistes, der ein übernatürlicher Glaube und kein gewöhnlicher Glaube ist. Gewisse Aspekte der inneren Heilung und Befreiung brauchen übernatürlichen Glauben, um zu genesen.

Reich-Gottes-Fragen

1. Hast du schon einmal über die geistliche Dimension der Furcht nachgedacht, darüber, dass sie nicht nur eine negative Emotion ist, sondern ein Geist?
2. Es gibt gesunde Furcht und ungesunde Furcht. Ungesunde Furcht ist ein Leben, das auf eine Gefahr reagiert, die nicht real ist. Ist das etwas, womit du zu kämpfen hast?
3. Welche Schlüsse hast du aus der Lektüre dieses Kapitels und des Abschnitts über Massenhysterie gezogen?
4. Konntest du das Gebet zur Befreiung von der Angst (in Anhang B) laut sprechen? Hast du gemerkt, dass sich daraufhin etwas in dir verändert hat?

5. Verstehst du den Unterschied zwischen allgemeinem Glauben und der Gabe des Glaubens? Wie fördern sie innere Heilung und Befreiung?

Anhang A

Heilung von satanisch rituellem Missbrauch

Jeder nun, der diese meine Worte hört und sie tut, den werde ich mit einem klugen Mann vergleichen, der sein Haus auf den Felsen baute; und der Platzregen fiel herab, und die Ströme kamen, und die Winde wehten und stürmten gegen jenes Haus; und es fiel nicht, denn es war auf den Felsen gegründet (Mt 7,24-25).

Menschen haben mich gefragt, ob sie von satanisch rituellem Missbrauch (im Folgenden mit SRM abgekürzt) mit traditionellen Selbstbefreiungsmodellen geheilt werden können. Bei der Selbstbefreiung geht es darum, sich selbst durch die Bindungen und Flüche zu beten und dann selbst bei Gott emotionale Heilung zu suchen. Ich wünschte, es wäre so einfach, aber in der Regel ist es das nicht. Wenn du die Grundlagen der Selbstbefreiung verstehst, wird dir das bei den leichteren Dingen helfen, aber wenn es um mehrere Vorfälle und tiefgreifenden SRM geht, brauchst du die Hilfe von erfahrenen Seelsorgern und Therapeuten. Du wirst das nicht ganz alleine überwinden können, und du wirst dort steckenbleiben.

Dennoch solltest du genau auf den Heiligen Geist hören, während er dir hilft zu genesen, Türen zu schließen und die Dinge so zu ordnen, wie er sie haben will. Mein Mann und ich spürten zum Beispiel, dass der Heilige Geist uns dazu führte, unser Eheversprechen zu erneuern, nachdem ans Licht gekommen war, dass ich als Teenager in einer heidnischen Zeremonie zwangsverheiratet worden war. Was für ein schöner Abschluss für etwas so Schreckliches.

Für SRM-Überlebende kann man nie vorhersagen, wann wiederhergestellte Erinnerungen auftauchen werden. Wenn es passiert, ist es vergleichbar mit einem emotionalen Faustschlag in den Bauch oder auf den Kiefer. Du musst das, was du gerade tust, sein lassen und es einfach hochkommen lassen, auch wenn es hässlich ist. Dann musst du den Schaden abschätzen und einen Plan zur Heilung erstellen. So ist das Leben derjenigen, die einen SRM durchgemacht haben. Du erlebst einen Schock nach dem anderen, und es kann so aussehen, als würde es nie enden. Wenn du emotional gut gerüstet bist, wirst du wissen, wie du funktionsfähig bleiben und konstruktiv damit umgehen kannst, auch wenn du es nicht vermeiden wirst. Du musst jede Erinnerung als eine Chance zur Heilung betrachten. Die Erinnerung ist aus einem bestimmten Grund aufgetaucht.

In dieser Weise lebe ich jeden Tag, seit meine Erinnerungen zurückgekehrt sind. Ich funktioniere sehr gut und habe die Fähigkeit erworben, die schrecklichsten Erinnerungen zu verarbeiten, aber ich kenne viele, die dazu noch nicht in der Lage sind. Wenn du zu ihnen gehörst, bete ich für dich, dass du in deinem Glauben an Jesus Christus geerdet und gefestigt wirst. Was dir passiert ist, war teuflisch, aber Jesus wird dich erlösen und dich mit einem Ausrufezeichen wiederherstellen. Er wird dir beibringen, wie du dein Haus, also dein ganzes Selbst, auf den Felsen seiner Worte bauen kannst, damit du nicht untergehst und deinen Kampf verlierst.

Kennst du Menschen, die ein Trauma durch SRA erleben? Wenn ja, gibt es einige Dinge, die du tun kannst, um ihnen zu helfen:

1. *Hör dir ihre Geschichten an.* Jedes Mal, wenn sie ihre Wahrheit sagen, wird sie für sie realer. Vielleicht müssen sie es dir mehrmals sagen. Es muss für sie real werden, damit sie sich mit den Details auseinandersetzen und einen Plan zur Überwindung des Problems entwickeln können. Ihre Geschichten werden entsetzlich sein. Höre ihnen nachdenklich zu und bestätige, was sie sagen. Aussagen wie „Ich glaube dir“ und „Du wirst es schaffen“ können viel bewirken.
2. *Versuche nicht, die Situation zu reparieren.* Sie werden lange Zeit nicht wissen, ob sie es schaffen werden. Hör einfach zu und sprich ein Gebet, das sie aufrichtet und tröstet. Lerne, wie du den

Verletzten beistehen kannst. Glaube auch daran, dass Jesus das Allerschlimmste heilt, denn dein Glaube wird herausgefordert werden, wenn du hörst, was sie durchgemacht haben. Ich versichere dir aus eigener Erfahrung, dass es für sie nicht zu spät ist.

3. *Ermutige sie, sich richtige Hilfe zu holen.* Sie brauchen eine professionelle christliche Beratung durch jemanden, der komplexe Traumata versteht und Erfahrung damit hat. Es ist jedoch selten, dass ein Therapeut die geistliche Dynamik von SRM versteht. Sie werden auch innere Heilung und Befreiungsarbeit brauchen.

Wenn du selbst SRM überlebt hast, möchte ich dich wissen lassen, dass du jetzt dafür bereit bist, daran zu arbeiten, um diesen Teil deines Herzens zurückzubekommen; du willst ja möglichst viele deiner verlorenen Herzensanteile zurückgewinnen. Erinnere dich an den Spruch: *„Mehr als alles andere behüte dein Herz; denn von ihm geht das Leben aus"* (Spr 4,23 SLT). Die Heilung wird dir neues Leben bringen, und sie wird spürbar und messbar sein. Du *kannst* alles wiedererlangen.

Anhang B

Gebete für innere Heilung und Befreiung

Aber ich werde sie nicht alle auf einmal vertreiben, sonst ist das Land menschenleer und öde, und die wilden Tiere vermehren sich so sehr, dass sie euch schaden. Ich werde die Bewohner des Landes nach und nach vertreiben, bis euer Volk so groß geworden ist, dass ihr ganz Kanaan in Besitz nehmen könnt (2 Mose 23,29-30 HFA).

Ein wichtiger Teil der persönlichen Freiheit ist das Wissen, wie man im Einklang mit Gottes Wort für sich selbst betet. Gott hat alles mit einem Wort erschaffen, und du und ich werden das ebenso tun, denn *„Tod und Leben sind in der Gewalt der Zunge, und wer sie liebt, wird ihre Frucht essen"* (Spr 18,21). Sei zuversichtlich, dass du deine eigene Stimme nutzen kannst, um bei dir selbst und auch bei anderen Heilung und Befreiung zu bewirken.

Gebete, die du für dich beten kannst

Die folgenden Gebete sollen dich darin unterstützen, effektiv zu beten. Diese Gebete werden dir helfen, die notwendigen Aspekte der Buße und Befreiung zu formulieren und gleichzeitig den Heiligen Geist einzuladen, in deinem Leben und Herzen zu wirken. Sei dir bewusst, dass zwar manche Menschen recht schnell eine Veränderung erleben können, aber Heilung meistens schrittweise geschieht, da man in seine persönliche Freiheit hineinwachsen muss, um sie zu behalten.

Ein Gebet, um von Hass frei zu werden

Wenn du persönlich oder generationsbedingt mit Hass zu kämpfen hast, möchte ich dich einladen, dieses Gebet laut zu beten:

Himmlischer Vater, ich komme im Namen Jesu zu dir und bekenne, dass ich Hass in meinem Herzen hege.
Ich vergebe [Name der Person(en)], *dass er/sie mich verletzt hat/haben.*
Ich bereue, dass ich den Hass benutzt habe, um Macht zu haben und mich zu schützen, anstatt bei dir Rat, Schutz und Hilfe zu suchen.
Bitte, komm und heile die Wunde in meinem Herzen, die er/sie mit ihren Worten und Taten verursacht hat/haben.
Ich befehle auch allen dämonischen Mächten, die mich belästigen, peinigen oder bedrücken wollen, mich jetzt im Namen Jesu zu verlassen.
Ich tue nun auch Buße[1] *für die Sünden meiner Vorfahren, die sich gegenseitig gehasst haben, die andere Nationalitäten gehasst haben und die Menschen im Allgemeinen gehasst haben.*
Ich befehle dem Geist des Hasses und des Mordes, meine Blutlinie zu verlassen und auch meine Kinder und jede Generation nach mir in Jesu Namen zu verlassen.
Heiliger Geist, ich lade dich ein, mich jetzt ganz mit deiner spürbaren Gegenwart zu erfüllen. Amen.

Ein Gebet der Buße/Reue und Abkehr vom Okkulten

Mit diesem einfachen Gebet kannst du anfangen, aber aufgrund der Eigenschaften des Okkulten musst du so spezifisch wie möglich sein.

Im Namen Jesu tue ich Buße[2] *für alle okkulten Rituale, die von mir oder meinen Vorfahren durchgeführt wurden.*
Ich widerrufe alle Weihen, die ich oder meine Vorfahren gegenüber Kulten/Sekten, Sektenführer und ihren Dämonen gemacht haben.
Ich breche alle widergöttlichen und bindenden Bündnisse, die mit Kulten und okkulten Praktiken zu tun haben, sowohl mit Dämonen

[1] Im Sinne von: „Ich bereue und wende mich davon ab."
[2] dto.

als auch mit Menschen.
Ich breche jeden Anspruch auf mein Leben oder meine Familie durch dämonische Rituale, Weihen und gottlose Bündnisse.
Ich weihe mich und meine Familie vollständig der Herrschaft von Jesus Christus.
Heiliger Geist, ich lade dich jetzt ein, in Jesu Namen der herrschende Geist über meinem Leben und meiner Familie zu sein.

Während du dieses Gebet der Buße und des Lossagens sprichst, listest du so gut du kannst die spezifischen Praktiken, die spezifischen Kulte, die Namen von Dämonen, Gottheiten und Menschen auf, an die du dich oder deine Familie gebunden hast. Du könntest dies zusammen mit einer reifen christlichen befreundeten Person oder einem christlichen Gebetsberater tun, falls du bei dir persönlich oder in deinem Umfeld eine Manifestation feststellst. Diejenigen, die sich vom Satanismus befreit haben, haben zum Beispiel erlebt, dass sich Gegenstände auf übernatürliche Weise in ihrem Haus oder in ihrer Umgebung manifestiert und bewegt haben. Andere, wie ich selbst, haben erlebt, dass Dämonen ihren Anspruch nicht aufgeben wollten und dass damit ein geistlicher Kampf verbunden war. Wenn das passiert, musst du dich verpflichten, so lange daran zu arbeiten, bis sich die Freiheit einstellt, denn sie gehört dir in Jesu Namen.

Liste der gängigen okkulten Praktiken:

- Astrologie
- Chakra lesen
- Channeling
- Amulette / Talismane / Glücksbringer
- Hellseherei
- Kaffeesatzlesen
- Wahrsagerei
- Verzauberungen
- Außersinnliche Wahrnehmung
- Zukunft vorhersagen
- Auf Gräbern liegend Kontakt mit Verstorbenen suchen

- Hexen
- Horoskope
- Götzenanbetung
- Beschwörungen und Zaubersprüche
- Magie (alle Formen)
- Medien
- Naturanbetung
- Totenbeschwörung
- Omen
- Ouija-Bretter
- Handlesen
- Parapsychologie
- Hellseherische Lesungen
- Psychokinese
- Reiki
- Opfer (alle Arten von Opfern)
- Séancen
- Energie senden
- Zauberei
- Geistführer
- Benutzung von Ritualgegenständen
- Tarot-Karten
- Teeblätter lesen
- Telepathie
- Transzendentale Meditation
- Hexerei
- Zauberei
- Yoga

Auch hier gibt es immer wieder Nuancen innerhalb der verschiedenen Sekten und okkulten Gruppierungen, die bewertet, bereut und aufgegeben werden müssen. In der Freimaurerei gibt es zum Beispiel eine Fülle von Ritualen und Flüchen, die durch Befreiungsgebete gebrochen werden müssen. Dadurch werden die rechtlichen Ansprüche beseitigt, mit denen Dämonen versuchen werden, dir und deiner Familie geistlich, körperlich, seelisch, finanziell usw. zu schaden. Im Internet findest du viele Vorschläge für Gebetsanleitungen zu diesem Thema, wenn du „Gebete zur Befreiung von Freimaurerei" eingibst. Eine Quelle (englisch), um sich von der Freimaurerei zu befreien, findest du hier: https://jubileeresources.org/pages/freemasonry.

Ein Bußgebet für den Isebel-Geist

Mach dir dieses Gebet zu eigen:

Himmlischer Vater, ich erkenne und bekenne vor dir die Bereiche meines Lebens, die den Geist und die Eigenschaften Isebels widerspiegeln.
Ich tue Buße für Manipulation, Kontrolle, Ungehorsam, falsche Reue, sexuelle Unmoral, Wut, Einschüchterung und Stolz.
Ich töte diese Eigenschaften am Kreuz deines Sohnes Jesus Christus und werde mit deiner Hilfe diese dämonischen Werkzeuge nicht mehr benutzen, um mein Leben zu leben.
Ich vergebe meinen Missbrauchstätern und übergebe sie vollständig an dich.
Ich übergebe dir mein Leben und bitte dich, mich von innen heraus zu verändern.
Führe mich den Weg, den ich gehen soll, und richte mein Herz auf die Gerechtigkeit im Heiligen Geist aus.

Ein Gebet zur Befreiung von Scham

Hier sind einige zeitlose Verheißungen, die dir helfen sollen, dich aus der Scham zu erheben. Betrachte diese Verheißungen als heilenden Balsam für dein Herz und deine Seele. Betrachte sie auch als wirksame Waffen, wenn Gedanken der Scham zu Recht in deinem Kopf auftauchen. Sprich Folgendes laut aus:

- *Gott hat meine ganze Schande von mir genommen* (vgl. Jos 5,9).
- *Ich habe mein Vertrauen auf den Herrn gesetzt. Ich werde nicht beschämt werden* (vgl. Ps 71,1).
- *Ich werde mich nicht fürchten. Ich werde mich nicht schämen und keine Schande erleiden. Ich werde nicht beschämt werden und die Schande meiner Jugend vergessen. Ich werde mich nicht mehr an die Schmach der Witwenschaft erinnern* (vgl. Jes 54,4).
- *Anstelle meiner Schande werde ich doppelte Ehre haben. Anstelle von Verwirrung werde ich mich an meinem Erbteil erfreuen. In meinem Land werde ich das Doppelte besitzen und ewige Freude haben* (vgl. Jes 61,7).
- *Ich gehöre Gott und ich glaube Gott. Ich werde niemals zuschanden werden* (vgl. Joel 2,26-27; Röm 9,33; 10,11; 1 Petr 2,6).
- *Ich wandle nach dem Geist und nicht nach dem Fleisch. Ich bin nicht verdammt* (vgl. Röm 8,1).
- *Ich wurde von Gott adoptiert und mit seiner Liebe überschüttet. Ich bin angenommen und geliebt, so wie Jesus von Gott, unserem Vater, geliebt wird* (vgl. Eph 1,5-6).
- *Wegen Jesus bin ich völlig schamfrei.*
- *Ich spreche jetzt zur Scham und befehle: SCHAM VERSCHWINDE!*

Ein Gebet zur Befreiung von Angst

Sprich es laut aus:

> *In Jesu Namen tue ich Buße*[3] *und sage mich von jedem Geist der Angst und jedem Geist, der mich durch das Tor der Angst heimgesucht hat, los.*
> *Ich befehle der Angst vor Krankheit, Seuchen, Gebrechen und COVID zu gehen.*
> *Die Angst vor dem Sterben und dem vorzeitigen Tod und der Zerstörung muss mich jetzt verlassen.*
> *Ich verweigere mich der Angst vor Mangel, Armut, Arbeitslosigkeit,*

[3] Im Sinne von: „Ich bereue und wende mich davon ab."

Erfolglosigkeit, mangelndem Wohlstand, nicht genug zu haben, Geschäfte und Einkommen zu verlieren.
Ich bereue die Angst vor dem Unbekannten und einer ungewissen Zukunft und fürchte mich nicht!
Ich tue Buße und sage mich von den Geistern der Depression, der Erschöpfung, der Traurigkeit, der Isolation, der Einsamkeit, der Hoffnungslosigkeit, der Verzagtheit, der Verzweiflung und der Entmutigung los.
Ich tue Buße und sage mich von den Geistern des Zorns, der Frustration, der Wut, der Gewalt und des Missbrauchs los.
Ich weise alle Geister der Trauer, des Schmerzes und der Verzweiflung über verlorene geliebte Menschen zurück.
Ich tue Buße und sage mich in Jesu Namen von allen Geistern des Alkohols, der Drogenabhängigkeit und jeder anderen Sucht los.
Ich befehle den Geistern, die Stress, Sorgen, Ängste, geistige Verwirrung, Nervenzusammenbrüche, Wahnsinn, Nervosität und Panikattacken auslösen, zu verschwinden. Ich habe einen gesunden Verstand!
Ich befehle allen Geistern der Hölle, die durch schlechte Nachrichten und Hiobsbotschaften freigesetzt werden, zu gehen und nie mehr zurückzukehren.
Ich befehle den Geistern, die Unglauben oder Zweifel auslösen oder dazu führen, dass man den Glauben oder die Vertrautheit mit Gott verliert, zu gehen.
In Jesu Namen binde ich den starken Mann und den herrschenden Geist dieser Nation und verbiete ihnen, mich in irgendeiner Weise mit Angst zu belasten.
Danke, Jesus, für ein Leben im Überfluss, ein langes Leben, ein Leben nach Psalm 91 und dafür, dass du mich von jedem Angstangriff aus der Hölle befreit hast.
Ich danke dir für deine Freude, deinen Frieden, deine Gesundheit, deine Gunst und deine Fülle in allen Dingen.

Mein abschließendes Gebet für dich

Ich glaube daran, dass die Gabe des Wirkens von Wundern freigesetzt wird, während ich ein Gebet der Wiederherstellung für dich und alle Leserinnen und Leser bete:

Himmlischer Vater, du kanntest sie, bevor sie geboren wurden, und hast ein gutes Wort über ihr Leben gesprochen.
Du hast sie im Mutterleib gebildet, sie geformt und sie mit allem ausgestattet, was sie für ihr Leben brauchen.
Auch jetzt, in der Zeit der Genesung, haben sie, was sie brauchen.
Heiliger Geist, ich bitte dich, komm und füge sie wieder zusammen, wo sie in Stücke gerissen worden sind.
Komm und heile die Tränen, die Scherben, ihre tiefe Zerrissenheit.
Füge sie wieder zusammen und erneuere sie in ihrem Geist und in ihrem Verstand.
Ich bitte dich, dass du am Tag und auch in der Nacht, wenn sie schlafen und träumen, Wunder in ihnen wirkst.
Mache sie zu einem lebendigen Zeugnis deiner Güte.
Im Namen Jesu. Amen.

Im Gedenken

Als meine verschütteten Kindheitserinnerungen im Alter von 47 Jahren wieder auftauchten und die schrecklichsten Details meines Lebens enthüllten, versprach ich mir und Gott, einen Weg zu finden, um die eine Person, die ich nicht vergessen konnte, trotzdem zu ehren. Für Menschen mit traumatischer oder dissoziativer Amnesie[1] können selbst bedeutsame Erinnerungen tief in der Psyche vergraben bleiben – zumindest so lange, bis man bereit ist, sich an sie zu erinnern. Das Folgende ist eine dieser Erinnerungen, obwohl es noch viele andere gab. Daher habe ich dieses Buch geschrieben, um es meinem verstorbenen Freund Enrique zu widmen und ihm zu gedenken.

Enrique und ich pflegten eine geheime Freundschaft, während wir in einem okkulten Kinderhandel-Netzwerk in Hollywood gefangen waren. Ich bin mir nicht sicher, in welchem Alter Enrique und ich uns zum ersten Mal trafen und wie er in diesen nächsten Teil hineingezogen wurde, aber er hatte den Auftrag, mich und andere wie mich in einer Wohnanlage unterzubringen, zu der die Mitglieder dieses Netzwerks Zugang hatten. Wie ich bereits beschrieben habe, handelte es sich bei der Unterkunft um eine Villa irgendwo in Südkalifornien, und ich war nur sehr kurze Zeit dort. Ich weiß auch nicht, wie ich in diese Einrichtung kam und wie ich wieder herauskam. Ich kann mich an diese Informationen überhaupt nicht erinnern. Die Besucher dieses

[1] Bei der dissoziativen Amnesie (F44.0) fehlen der betreffenden Person ganz oder teilweise Erinnerungen an ihre Vergangenheit, v. a. an belastende oder traumatische Ereignisse. Die Amnesie geht weit über das Maß der normalen Vergesslichkeit hinaus, d. h. dauert länger an oder ist stärker ausgeprägt. Das Ausmaß der Amnesie kann jedoch im Verlauf schwanken. Es können sich auch Erinnerungen vermischen und dadurch verfälscht werden. Der Betroffene kann dann nicht unterscheiden, ob Erinnerungen wahr sind oder nicht (Wikipedia, 14.03.2023).

Etablissements versuchten, das gesamte Spektrum des rituellen und sexuellen Missbrauchs von Minderjährigen auszuleben, was die Umgebung furchtbar gewalttätig und repressiv machte. Aufgrund unserer Beziehung hat Enrique Anfragen aufgeschoben, übersehen oder abgelehnt, die mich den schlimmsten Mitgliedern dieses Netzwerks ausgesetzt hätten, die das haben wollten, was diese Villa zu bieten hatte. Er wurde dabei erwischt, als er mich beschützte, und wurde zur Strafe hingerichtet.

Meine Erinnerungen sind noch sehr unvollständig, aber ich glaube, ich war die letzte Person, die ihn lebend gesehen hat, bevor er ermordet wurde. Seine Mörder wollten sein junges Leben auslöschen, zusammen mit der Fülle an düsteren Geheimnissen, die er mit sich herumtrug. Stattdessen vergruben ihn diese üblen Agenten wie einen Samen in der dunklen Erde, nur um ihn Jahrzehnte später in meinen neu erwachten Erinnerungen wieder auferstehen zu lassen.

Als meine Erinnerung an ihn wieder auftauchte, begann ich, seinen Tod zu betrauern und den schrecklichen Verlust meines Freundes zu beklagen, als wäre er gerade erst passiert. Auch das ist eine normale Reaktion, wenn verschüttete Erinnerungen wieder auftauchen, selbst wenn es Jahrzehnte her ist. Gleichzeitig begann die Erinnerung an ihn, mich wieder zusammenzufügen. Ich war fast drei Jahre lang innerlich zerrissen gewesen, weil ich die verheerenden Tatsachen meines Lebens, die an die Oberfläche gekommen waren, einfach nicht annehmen konnte. Ich kämpfte hart in meinen Gedanken damit, zu glauben, dass irgendetwas davon real war.

Als ich anfing, über den Tod von Enrique zu trauern, sprach Jesus eines Abends ganz klar zu mir. Er sagte: *Ich verstehe, was du fühlst. Mein Freund wurde auch hingerichtet.* Ich glaube, er bezog sich dabei auf Johannes den Täufer, und ich hätte mir diese Antwort niemals selbst ausdenken können. Dieses einfache Gespräch mit Jesus tröstete mein Herz und machte endlich alles real. Ich akzeptierte die Wahrheit über mein Leben und hörte auf zu glauben, dass ich mir alles nur einbildete und meinen Verstand verlor. Gleichzeitig kam ein Glaube vom Heiligen Geist in mich. Ich wusste ohne jeden Zweifel, dass ich trotz aller Widrigkeiten vollständig genesen würde.

Enrique wurde ein ordentliches Begräbnis und eine Familie, die seinen Tod betrauerte, verwehrt. Seine Grabinschrift wurde weder geschrieben noch überhaupt in Erwägung gezogen – bis jetzt. Fast völlig vergessen, kann sein Andenken nun durch das Schreiben und Veröffentlichen dieses Buches weiterleben. Es war diese wiedergewonnene Erinnerung an sein Leben und seinen Tod, die meinen Entschluss auslöste, offener über meinen Weg zu berichten. Gerechtigkeit kommt nicht immer sofort, aber sie kommt schließlich doch und oft auf ungewöhnliche Weise. Ich bete dafür, dass dieses Buch nicht nur Enrique Gerechtigkeit bringt, sondern auch den zahllosen anderen Opfern, die wie er und wie wir gelitten haben und denen nie eine Stimme gegeben wurde, um sich zu äußern.

Bis jetzt.

Über die Autorin

Jennifer Eivaz ist Pastorin und internationale Konferenzrednerin mit einem Herz dafür, dass die Gemeinde im Übernatürlichen zugerüstet und leidenschaftliches und effektives Gebet aufgerichtet wird. Sie schreibt regelmäßig für *Charisma Online* und *The Elijah List,* war in mehreren christlichen Fernsehsendungen zu sehen, moderiert den beliebten Podcast *Take Ten With Jenn* und ist Autorin mehrerer Bestseller-Bücher. Jennifer lebt mit ihrem Mann Ron und ihren beiden Kindern in Turlock, Kalifornien, wo sie als Co-Pastorin in der *Harvest Church* arbeitet.

Um mehr über Jennifer und ihren Dienst zu erfahren, kannst du sie online besuchen:

Website: www.jennifereivaz.com
YouTube: Jennifer Eivaz
Facebook: www.facebook.com/jennifereivaz/
Twitter und Instagram: @PrayingProphet
TikTok: @jennifereivaz

Harvest Church: www.harvestturlock.org

Weitere Produkte von GloryWorld-Medien

„Himmlische Bücher für die Erde"

Dr. Henry Wright

Die geistlichen Ursachen von Krankheiten

Klare Antworten auf Ihre Fragen zu Krankheitsprävention und Heilung, 208 Seiten, Pb.

Gemäß den langjährigen Erfahrungen des Autors haben etwa 80 Prozent aller Krankheiten eine geistliche Ursache und sind die direkte Folge einer gestörten Beziehung zu Gott, zu uns selbst oder zu anderen. Gott offenbarte ihm aus seinem Wort, was die geistlichen Ursachen von Krankheiten und den Blockaden zur Heilung sind.

Er geht insbesondere auf folgende Krankheitsarten ein: Allergien, Autoimmunerkrankungen, psychische Störungen, Herz-Kreislauf-Erkrankungen und Belastungsstörungen (z. B. Stresskrankheiten).

Jonathan Welton, Die Schule der Seher

Eine praktische Anleitung, wie man ins Unsichtbare hineinsehen kann; 224 S.; Pb.; Vorwort von Randy Clark

Viele Christen haben angefangen, übernatürliche Phänomene zu erleben: Träume, (offene) Visionen, Engel oder Dämonen. Aber es mangelt ihnen an solider biblischer Lehre und sie sind zu dem geworden, was man als *Seherwaisen* bezeichnet: Sie suchen verzweifelt nach jemandem, der sie trainiert, ermutigt und freisetzt.

Das Ziel von Jonathan Welton war deshalb, ein praktisches Handbuch herauszubringen, das den Leib Christi mit den Informationen ausrüstet, die notwendig sind, um in der Dimension des Prophetischen bzw. des Sehers zu wachsen und im Leben im Übernatürlichen Reife zu erlangen.

Dr. Charity Virkler-Kayembe / Dr. Mark Virkler

Höre Gott durch deine Träume

Gottes Reden in der Nacht verstehen; 288 S., Pb.

In der Bibel finden wir sehr viele Beispiele für Gottes Reden durch Träume. Auch heute möchte er uns durch Träume wichtige Botschaften zukommen lassen. Doch beachten wir sie oft wenig oder wissen nicht, wie sie zu deuten sind.

Diesem Missstand möchte dieses Buches abhelfen. Die Autoren haben sehr viele Erfahrungen im Umgang mit Gottes Reden gesammelt. Das Buch ist ein praktischer, leicht verständlicher und biblischer Leitfaden, um die Sprache zu verstehen, die Gott in unseren Träumen benutzt.

Bill Johnson / Randy Clark, Berufen zu heilen I

Grundlagen und Praxis des Gebets für Kranke, 240 S., Pb.

Jeder Christ kann von Gott gebraucht werden, um anderen Heilung zukommen zu lassen. Das ist das Anliegen der beiden Autoren. Dazu berichten Sie, wie Gott sie in den Heilungsdienst hineinführte, und legen anschließend klare biblische Grundlagen für das Heilungsgebet. Im umfangreichsten Teil gehen sie auf verschiedene Aspekte ein, die für eine Heilung förderlich sind, erläutern, wie seelische und körperliche Krankheiten zusammenhängen und stellen dann ein in der Praxis bewährtes Modell für das Gebet um Heilung vor, das für alle Christen leicht anwendbar ist.

Blake K. Healy, Durch den Schleier sehen

Eine Einladung in die unsichtbare Welt; 176 S. Paperback

Blake K. Healy sieht Engel und Dämonen seit seiner Kindheit – und zwar so klar wie natürlich sichtbare Dinge. Er sieht zum Beispiel Engel in Anbetungsgottesdiensten tanzen und Ermutigungsworte in die Ohren von Menschen flüstern, doch genauso sieht er auch Dämonen, die sich an Leute heften und so Abhängigkeiten, Lügen und Bitterkeit in deren Herzen und Gedanken aufrechterhalten.

In diesem Buch erzählt er einige dieser Begegnungen und wie er in dieser Gabe reifte und dabei die Angst und Verwirrung über die Dinge, welche er sah, überwand. Und ebenso, und wie er lernte, die Gabe des Sehens zu Gottes Verherrlichung zu nutzen und andere darin zu lehren.

„Ich wollte nicht, dass dieses Buch jemals endet!" (Bill Johnson)

Blake K. Healy, Unzerstörbar

Führe deine geistlichen Kämpfe aus der Perspektive des Himmels; 192 S., Pb.

Welche Fallen und Taktiken wenden Dämonen an, und wie können wir diese meiden?

Dieses Buch fasst zusammen, was Blake K. Healy in über dreißig Jahren über die Pläne des Feindes und ebenso die des Himmels gelernt hat.

Wir lernen, wie wir die Komplotte, Pläne und Lügen des Feindes aufdecken und abwehren können und gleichzeitig die Pläne des Himmel vorantreiben können.

Sein Hauptanliegen ist dabei, dass wir den geistlichen Kampf nicht aus eigener Kraft, sondern aus der Perspektive des Himmels führen, und ein Leben aufbauen, das unzerstörbar ist.

Dann können wir in unserem Umfeld – unserem Wohnviertel, unseren Schulen, Städten und Ländern – zu einem Leuchtfeuer der Herrlichkeit Gottes werden.

Beni Johnson, Der glückliche Fürbitter

Mit Gott die Welt bewegen, ohne die Freude zu verlieren

Vorwort von Bill Johnson; 180 S., Paperback

Beni Johnson (die Frau von Bill Johnson) nimmt uns mit auf ihre Reise von einer schüchternen Person zu einer kühnen, aber glücklichen Fürbitterin. Gott offenbarte ihr einen Weg, wie sie aus seiner Gegenwart und seiner Liebe heraus in Einklang mit seinem Herzen effektiv beten kann.

Fürbitte muss nicht dazu führen, dass uns die Anliegen, für die wir beten, unter Druck bringen oder emotional beeinträchtigen. Den Himmel auf die Erde zu holen, kann sogar regelrecht Spaß machen. Unmögliches wird plötzlich möglich – ob es dabei um „kleine" Dinge in unserem persönlichen Umfeld geht oder um die Veränderung des geistlichen Klimas über unseren Städten und Nationen.

Erica Willis, Kühn glauben

Wie einfaches, zuversichtliches Gebet das Übernatürliche freisetzt; 216 S.; Paperback

Lange Zeit dachte Erica Willis, die ganzen übernatürlichen Erfahrungen, wie Prophetie, Heilung, Wunder usw., seien nur etwas für „Superchristen".

Bis Gott ihr einen Weg zeigte, wie sie trotz ihres Eingespanntseins in Familie, Beruf und Gemeinde ihre Beziehung zu ihm so vertiefen konnte, dass diese Erfahrungen ganz natürlich zu einem Teil ihres Lebens wurden.

In diesem Buch erzählt sie auf kurzweilige Art ihre Geschichte und Erlebnisse. Entstanden ist eine praktische Anleitung für alle, die sich nach einer tieferen Beziehung zum Heiligen Geist sehnen.

James Goll

Die Gaben des Heiligen Geistes freisetzen

216 S., Paperback

Der Heilige Geist demonstriert Gottes übernatürliche Kraft durch seine Gemeinde heute, indem seine Herrlichkeit auf globaler Ebene freigesetzt wird. Alle Gaben Gottes sind immer noch voll funktionsfähig, und jeder einzelne Gläubige ist dazu bestimmt, im Fluss Gottes zu leben und seine Bestimmung zu erfüllen.

James Goll zeigt auf, wie der Heilige Geist durch die neun bekanntesten Geistesgaben wirkt und wie wir sie unter Gottes Leitung für die Erfüllung des Missionsbefehls einsetzen können.

Anhand vieler anschaulicher Beispiele aus der Bibel und aus der Gegenwart lernen wir, wie geistliche Gaben in der Praxis funktionieren. Aber es geht in diesem Buch nicht nur darum, wie man seine geistlichen Gaben entdeckt oder empfängt, sondern wie man sie freisetzt und weitergibt!

Michele Perry, Liebe hat ein Gesicht

Abenteuer mit Jesus im Krisengebiet des Sudan – auf einem Bein!; Vorwort von Heidi Baker; 220 S., Paperback

Ohne linke Hüfte und linkes Bein geboren, ist es für Michele Perry „normal", das Unmögliche zu erleben. Als Gott ihr den Auftrag gab, in den vom Krieg verwüsteten südlichen Sudan zu gehen und dort ein Waisenhaus zu eröffnen, hielten sie alle für verrückt. Aber sie erlebte Gottes Treue wie nie zuvor: Er führte sie in einen entspannten Lebensstil des Geliebtseins hinein, in dem alles möglich wird und Wunder zum Alltag gehören, ob es um seelische oder körperliche Krankheiten, mangelnde Ressourcen, Bedrohungen durch Kriminelle oder ihre eigenen Unzulänglichkeiten geht.

Ella Legan, Mache dich auf!

... und begegne dem Vaterherzen Gottes; 320 S.; Pb.

Sehnst du dich danach, mehr von Gott zu erleben und seine heilende Gegenwart zu erfahren?

„Mache dich auf!" ist die Einladung zu einer Reise ins Vaterherz Gottes. Gott sieht dich und deine Situation und will dir genau dort begegnen. Lass dich von Ella Legan auf diese 40-tägige Reise mitnehmen, die dem Weg der Israeliten aus der Knechtschaft in Ägypten zum Berg Gottes nachempfunden ist. 40 Begegnungen mit Jesus und dem Gott der Herrlichkeit warten auf dich.

Am Ende wirst du bereit sein, in dein eigenes Land der Verheißung weiterzuziehen. Mache dich auf!

Frank Krause, Die neun Schleusen des Herzens

160 S., Paperback

Wie geschieht es, dass die Verheißung Jesu, dass aus unserem Innern Ströme von lebendigem Wasser fließen werde, wenn wir an ihn glauben, zu unserem normalen Erleben wird? Dass andere uns als Quelle und nicht als Zisterne, als Oase und nicht als Wüste wahrnehmen?

Als Frank Krause diese Frage vor Gott bewegte, ließ dieser ihn im Geist sein eigenes Herz sehen und durchwandern. Er zeigte ihm, dass unser Herz neun „Schleusen" hat, entsprechend den neun Aspekten der Frucht des Geistes.

Diese Schleusen wollen in uns geöffnet und freigesetzt werden, damit der Geist mit ganzer Kraft durch uns strömen kann und wir mit seiner Frucht überfließen. Nun können wir auch anderen helfen, diese Fülle zu erleben, sodass in der Folge echte Gemeinschaften der Heiligen entstehen.

Henk Bruggeman

Das Herz des Vaters entdecken

Unsere Identität als Söhne und Töchter Gottes empfangen

200 S.; Paperback

Gott sehnt sich mehr denn je danach, seinen Kindern sein Vaterherz zu offenbaren. Er möchte, dass wir ihn nicht nur mit dem Kopf, sondern vor allem mit dem Herzen kennenlernen. Statt einer Distanziertheit soll eine innige Vertrautheit unsere Beziehung zu ihm prägen. Darüber hinaus möchte er uns aber eine neue Identität schenken: die Identität der Sohnschaft. Wir entdecken mehr und mehr, wie wir als echte Söhne und Töchter Gottes leben können.

Wayne Jacobsen, Geliebt!

Tag für Tag in der Zuneigung des himmlischen Vaters leben

240 S., Paperback

Jeden Tag ein Leben zu führen, in dem wir völlig sicher sind, dass wir bedingungslos von Gott geliebt sind – ist das wirklich möglich, und wie sieht das konkret aus?

Wayne Jacobsen bringt uns Schritt für Schritt nahe, wie tief die Liebe Gottes zu uns tatsächlich ist. Wir entdecken dabei, dass wir nicht zu Sklaven, sondern zu Söhnen und Töchtern berufen sind. Die liebevolle Zuneigung unseres Vaters im Himmel gilt uns in allen Umständen. Wir erfahren eine lebendige Beziehung zu ihm, die uns von der Qual der Scham befreit und uns so verändert, dass wir als seine Kinder leben können.

Luc Niebergall, Eine zeitlose Reise

Wie ich den Himmel erkunden und meine Identität empfangen durfte; 144 S., Paperback

Ab dem Alter von 16 Jahren wurde Luc Niebergall eine unglaubliche „Reise" in die Herrlichkeit der Person Jesu zuteil. Durch prophetische Begegnungen durfte er den lebendigen Gott erfahren.

Nach acht Jahren Visionen, Träumen und himmlischen Begegnungen hatte er den Eindruck, Gott wolle, dass er einiges von dem, was er ihm gezeigt hatte, in Form von Geschichten in einem Buch niederschreibt.

Dieses Buch ist ein Aufruf an die Söhne und Töchter Gottes, ihr volles Erbe zu empfangen, das darin besteht, in einer ewigen, intimen Beziehung zu Gott selbst zu leben.

Begegnen wir der intimen Liebe Gottes, des Vaters, fällt die falsche Identität der Waisenschaft von uns ab. Wir werden zu siegreichen Söhnen und Töchtern, welche den Nationen Heilung und Wiederherstellung bringen.

James Goll

Geistlich wahrnehmen und unterscheiden

Wie wir Offenbarungen empfangen, prüfen und anwenden können; 216 S.

James Goll erklärt, dass jeder Nachfolger Jesu geistliche Offenbarungen empfangen und prüfen kann, auch wenn einige als Propheten besonders begabt sind. Er legt präzise dar, wie wir unsere Sinne dem Heiligen Geist hingeben können, damit wir geistlich wahrnehmen können.

Und er erläutert, wie wir Offenbarungen prüfen, anwenden und letztlich verinnerlichen können, damit die Menschen sie nicht nur hören, sondern in uns sehen.

Für das vertiefte Studium ist ein Arbeitsbuch erhältlich.

Phil Mason, Die Ergründung des Herzens

Eine Einführung in die Herzensrevolution; 240 S., Pb.

Band 1 der Reihe „Übernatürliche Transformation"

Willkommen zur Herzensrevolution! Phil Mason bringt uns mit diesem Buch wieder mit dem Herzen Gottes – und somit auch unserem eigenen Herzen – in Verbindung. Begegnen wir der verschwenderischen Liebe des Vaters, erweckt sie in unserem Herzen eine neue Begeisterung und Leidenschaft.

Jesu Modell der Herzensverwandlung stützt sich nicht auf irdische Weisheit und Methoden. Er möchte, dass wir durch eine Begegnung mit der Herrlichkeit und Macht Gottes verwandelt werden.

Danny Silk, Erziehung mit Liebe und Vision

Herzensbeziehungen eingehen, statt Machtkämpfe austragen

Vorwort von Bill Johnson; 170 S., Pb.

Danny Silk fordert uns in unserem bisherigen Denken über Liebe, Disziplin und Respekt, ja in unserer generellen Vorstellung von Kindererziehung heraus. Er stellt eine Denk- und Lebensweise vor, die eine Leichtigkeit und Frieden in unsere familiären und sonstigen Beziehungen bringt.

Unser Herz spielt dabei die zentrale Rolle. Das Herz der Eltern und das Herz der Kinder. Wenn beide Seiten verstehen, wie sich ihr jeweiliges Verhalten auf das Herz des anderen auswirkt, werden die Herzen geschützt und Beziehungen können gedeihen.

Barry & Lori Byrne, Liebe in der Ehe

Eine tiefere geistliche, emotionale und körperliche Einheit erleben; Vorwort von Bill Johnson; 334 S., Klappenbroschur

Gott möchte, dass die Ehe ein Ort echter Liebe und Vertrautheit ist. Dafür brauchen wir die Hilfe des Heiligen Geistes. Mit ihm können wir die Ursachen unserer Konflikte erkennen und überwinden. Unsere Ehe kann Heilung und Wiederherstellung erfahren, egal, wie der momentane Zustand ist.

Mit klarer biblischer Lehre und vielen praktischen Hilfen packen die Autoren die wichtigsten heißen Eisen an. Viele ermutigende Erfahrungsberichte verdeutlichen die dramatische Heilung und Intimität, die mit Gottes Hilfe möglich ist.

Ruthmarie Moldenauer, Weites Land

Den Weg des Vertrauens gehen; 168 Seiten, Paperback

„Lebe von ganzem Herzen ...", waren die Worte, die Ruthmarie Moldenhauer eines Morgens von Gott hörte. Die Folge: Echte Begegnung mit Gott, mit seiner Liebe und Güte, die sie veränderte und immer besser seine Stimme hören ließ.

Gott eröffnete ihr ein „Weites Land", und trotz vieler Höhen und Tiefen durfte sie erfahren: Gott ist immer gut! Eine starke Ermutigung, unsere eigene Reise ins „Weite Land Gottes" anzutreten.

Dr. Larry Richards

Die volle Waffenrüstung Gottes

Gut geschützt gegen die Angriffe des Bösen; 208 Seiten, Pb.

Die Bibel macht deutlich, dass ein Großteil unserer Unsicherheiten, Ängste und Zweifel auf den Machenschaften böser Mächte beruhen. Deshalb ist es so entscheidend, dass wir sowohl die Strategien kennen, die Satan benutzt, um uns anzugreifen, als auch die Rüstung, die Gott uns zur Verfügung stellt, um uns dagegen zu schützen.

Eine biblische Dämonologie, Hilfen zum Umgang mit dem Bösen in der Seelsorge sowie Lektionen für „Lebe-frei-Selbsthilfegruppen" runden das Buch ab.

Bestellen Sie im Buchhandel oder direkt beim Verlag (versandkostenfrei in D):

GloryWorld-Medien | Beit-Sahour-Str. 4 | D-46509 Xanten
Fon: 02801-9854003 | Fax: 02801-9854004 | info@gloryworld.de

Aktuelles, Leseproben, Downloads & Shop: **www.gloryworld.de**